社長のためのコンサル3.0

consulting

VUCA時代を勝ち抜く唯一の戦略

阿部貴之［著］

マネジメント社

※本書に登場するソフトウェアやアプリの名称、機能などは、2024年11月現在のものです。
※本書に登場する企業の事例は、社名など一部変更しています。

はじめに

「寄り添うコンサルタント」はリクルートの営業経験から生まれた

本書は中小企業の経営者および経営幹部に読んでもらいたい、コンサルタント導入の手引き書です。

「コンサルは高額、大企業だけが依頼できるもの」と思っていませんか?

そんなことはありません。さまざまなものが多様化している現代、コンサルタントの種類も多様化しています。

リーズナブルな費用で適切なサービスを提供する、中小企業専門のコンサルタントも増えてきています。

はじめまして。株式会社バレンサーの阿部《あべ》貴之《たかゆき》と申します。

私は中小企業の経営問題を解決するコンサルタントをしています。社名である「バレンサー」には「寄り添う」という意味があり、「企業のビジネスに、寄り添うコンサルタントでありたい」という思いから、この社名をつけました。

私がそう考えるようになった根底には、大腸がんになった父の影響があるのかもしれません。小学生の頃、私はどんどん痩せていく父を見て「おいしいものを食べて元気になってもらいたい！」と、料理人を目指した時期がありました。

この頃から、自分の周りにいる人を幸せにすること、人を喜ばせることが大好きな少年でした。

大学時代にはアカペラグループのリーダーとして各メンバーの持ち味を活かしながら、ひとつのハーモニーをつくり上げていました。ここでも、音楽を通してではありますが、人に寄り添うことの楽しさを感じていたと思います。

そして、私が「寄り添うコンサルタント」を目指す直接的なきっかけになったのは、リクルートの代理店（求人広告など人材採用支援・組織風土改革支援会社）で営業をしていた経験からでした。

中小企業には、組織としての指針や会社のブランディングなど、あまりにも多くの問題があると感じたのです。

もちろん、経営者のみなさんは、自社に何かしら問題があることはわかっていました。

しかし、**課題（問題解決に必要な手段・方法）がわからず、相談できる相手もいない**のです。ほとんどの経営者が孤独で、自分一人で何とか問題を解決しようと奮闘されていました。

なんでも相談できる「右腕」を育てるのは大変なことです。育てたとしても、優秀な社員ほどより条件のいい会社への転職や独立を考え、ずっと会社で働いてくれるとはかぎりません。実際に、右腕が辞めてしまい、業務が立ち行かなくなった会社を私はたくさん見てきました。

同時に私は、**このような状況を打開できるのは、外部の「寄り添うコンサルタント」だけ**だと思いました。

そこで私は、戦略策定、組織の風土改革、ブランディングなど、もっと広く中小企業の経営のお手伝いができる知識を得るために、12年間お世話になった会社を退職し、フリーランスのコンサルタントとして業務をこなしながら、ゼロから学び直すことにしたのです。

その後、「中小企業が抱えるすべての問題に対応できるコンサルティング会社」を起業しました。

もちろん、私一人が対応・解決できることもかぎられているし、小さな会社なので、多くの社員を雇うこともできません。

しかし、私には手を貸してくれるたくさんの外部の専門家がいます。

私は総合的な視点でコンサルに携わり、マーケティングやＩＴなど専門的な知識が必要なときは、その都度、適切な人選をし、チームをつくって対応しています。現在、さまざまな分野に精通した外部スタッフは15人になりました。

リクルートの営業パーソン時代も含めると、売上規模５～20億円の中小企業を中心に、１０００社以上のコンサルティングをしてきました。

本書では、実際に私が現場で感じた中小企業が抱える問題やその解決方法、問題を解決した先にどんな未来が待っているのかを、以下の流れで読者のみなさんにシェアしたいと思います。

第1章は**「中小企業がコンサルタントと組むべき理由」**について
第2章は**「コンサルタントを選ぶポイント」**について
第3章は**「中小企業に適切なコンサルタントの特長と能力」**について
第4章は**「コンサルタントを導入するステップ」**について
第5章は**「企業が生まれ変わるためのリブランディング」**について
第6章は**「リブランディングに成功した中小企業の事例」**について

過去のイメージからコンサルタントと聞くと、外資系の「ボストンコンサルティング」や「マッキンゼー」、日本では「アクセンチュア」、クリエイティブ寄りなら、広告代理店の「電通」や「博報堂」を思い浮かべるかもしれません。
「ウチみたいな中小企業が、そんな高額なコンサルティング会社に依頼できるはずがない」そんな先入観から検討することもなく、コンサルタントという言葉を毛嫌いしている経営者もいるのではないでしょうか。

しかしながら、今やコンサルタントは大企業のためだけのものではありません。**売上を伸ばし、永続的な経営を目指すには、中小企業もコンサルタントと一緒に自社を改革する時代になった**のです。

私自身がコンサルタントなので「ポジショントークをしているのでは？」と思われるかもしれませんが、そうではありません。

コンサルタントは、自社にはない機能を補ってくれて、企業の価値を高める支援をしてくれる、それでいて絶対に辞めないパートナーなのです。

中小企業も**外部コンサルタントの力を借りてＩＴを駆使し、ＡＩを活用できるようになれば、ＤＸが可能**になります。

その結果、**大企業と同じか、それ以上の労働力をもって世界に進出する企業になれる**かもしれません。外部の頭脳をスモールスタートで使えば、今までにない新規事業が生まれるかもしれないのです。

経済産業省が発表している『ＤＸ支援ガイダンス』には、「中堅・中小企業等の成長を見守り続ける『主治医』として、地域金融機関、地域ＩＴベンダー、地域のコンサルタントがＤＸ支援に主体的かつ能動的に取り組むことが期待される」と書かれています。

私もそんな新しい選択肢を、本書を通して提示してみたいと思います。

前述したように、私は１０００社以上の中小企業に人材採用や組織風土改革などの支援を行ってきましたが、どの企業にもキラキラ輝く魅力がありました。

しかし、その**魅力を活かせていない、やり方が間違っていて顧客に届いていないことがほとんど**です。それが本当にもったいなくて、なんとかしたいと思ってきました。

基本的にコンサルタントは、社長の悩みごとや企業の問題を解決するためのアドバイスをします。採用で苦しんでいるのであれば良い人材を採用するためのシステムの提案、売上が伸び悩んでいるのであれば営業の仕組み化の提案などです。

ただ、そのような**〝表面的かつ部分的〟な問題だけを見ていたのでは、会社を立て直すことはできません。**根本にある問題を解決しなければいけないと私は思います。

その方法が「リブランディング」です。

詳しくは第５章でお伝えしますが、**リブランディングでは、会社の「残すべきもの」と**

「捨てるべきもの」を見極めます。そうして、良いものを残し、磨くことで、会社をリニューアルします。

これからの社会では「企業の在り方」がとても大事になってきます。

あなたの会社が「何のために存在し、どのような未来を目指して社会貢献するのか」ということを、社員にも対外的（クライアントや顧客）にも明確に打ち出す必要があるのです。つまり、企業の「ミッション・ビジョン・バリュー（MVV）」です。

それらが明確であれば、会社や商品・サービスの魅力が顧客に伝わります。

また、働く人も「自分は、この会社で、何のために、働いているのか」がわかり、モチベーション高く働けます。

中小企業は、今いる人材でこの先も戦い、生き残っていかなければなりません。

そんな環境下にあるからこそ、リブランディングによって会社の魅力をリニューアルし、対外的にもそれが伝わる見せ方をする。そうして、今よりももっと強い会社にする必要があるのです。

人を大切にし、社員と一緒に進み続けたいと考える中小企業（経営者）にとって、リブ

ランディングは最善の戦略だと断言します。

コンサルタントと二人三脚で会社の問題解決に取り組むことで、売上は3倍に、利益は5倍に、何よりも変革のスピードは10倍になります。

そのためのヒントを、本書を通してつかんでもらえれば幸いです。

阿部　貴之

— 目 次 —

目次

第1章 中小企業の「変革」はコンサルタントと組むことから始まる

第2章　中小企業にマッチするコンサルタントを見つけよう

第3章　「コンサル3・0」の5つの力

第4章 コンサルタントを導入する7つのステップ

第5章　中小企業はリブランディングで生まれ変わる

第6章　DX、リブランディングに成功した中小企業

序章

中小企業とコンサルタントの二人三脚ストーリー

CONSULT3.0

consul 3.0

アナログ企業がDXを推進し、たった3年でアプリ開発ができる、デジタル企業になった

本題に入る前に、ある中小企業とコンサルタントの私（株式会社バレンサー）が二人三脚で、会社をリブランディングした物語からお伝えしたいと思います。

この物語を読むことで、中小企業専門のコンサルタントがどのようなことをするのか、その結果、企業にどのような変化が起こるのかをご理解いただけるでしょう。そして、コンサルタントを活用するハードルはぐんと低くなるはずです。

今、本書を開いてくださっているあなたの会社も同じような問題を抱えているのではないでしょうか？　ぜひ、ご自身の会社と照らし合わせながら、読み進めてみてください。

会社の「変革」は、ほんの些細なことがきっかけで始まるのです。

●始まりは中小企業あるあるの「漠然とした悩み」

マンションデベロッパー・M社の二代目社長（当時は専務）とは、私が前職の採用担当者だった頃からのつき合いで、もう15年以上になる。

社長が二代目として会社を引き継ぐことになった2021年、次のような依頼をいただいた。

「Wi-Fiを強くしたい」

インターネットが全盛になって久しい現代、「Wi-Fi」という単語が出てくることに面食らった読者もいるかもしれないが、建設業界はデジタルの必要性が低い分野だった。M社は創業から35年、伝票は手書き、給料は手渡し、ネット環境が整っていないビジネス環境でも、仕事は順調に回っていた。

地元密着型の経営を行い、「若い子育て世代にも、新築マンションを購入してもらいたい」という想いで、マンションを開発し、これまで約7000世帯の方々に販売してきた。

ブランド力もあり、企画から建設まで一貫して行ってきたM社は、驚異的な利益を生んでいる会社だった。

ところが、コロナ禍になり、マンションの建設が難しくなった。先が見えない状況に、社長は危機感を覚えていた。事実、コロナ禍による業種別経営破たんの第2位が建設業だった（『2022年度版　中小企業白書 小規模企業白書』）。

しかし、リモートワークが声高に叫ばれていた状況にもかかわらず、当時のM社のネット環境は非常に限定的だった。

4階建ての自社ビルにWi-Fiは通っていたものの、社内サーバはクローズドで、イントラネット（内部ネットワーク）のみ。サーバにアクセスするには、社員が出社して会社にあるパソコンを使うしかなく、自宅など会社以外の場所では社内と同様の仕事ができない環境だった。

何をどう依頼すればいいのかわからなかった社長が私に伝えてきたのが「Wi-Fiを強くしたい」だった。

「Wi-Fiを強くすれば社外からでもアクセスできるし、リモート環境が整う」となんとなく想像していたのだろう。

●ログインの仕方から始まったレクチャー

まず私は、リモートワークの環境を整えるため、社長に「グループウェアの導入プロジェクト」を提案した。

グループウェアとは、企業内のコミュニケーションを円滑にし、業務の効率化を促進するためのソフトウェアのことだ。有名所で言えば「Google Workspace」「Microsoft 365」、「Salesforce」「Slack」などがある。

そのなかで、私は自社でも使用していて理解が深い「Google Workspace」を提案した。アフターフォローを含め、手取り足取りサポートできると考えたからだ。

しかし、アナログ環境が当たり前のM社に、いきなりＩＴツールを導入してうまく運用できるのか？　若手は使いこなせるかもしれないが、ベテラン勢が追いつけないことは容易に想像できた。

その点、社長は思いやりのある人だった。社内の誰も置いてきぼりにせず、この先の企業運営を一丸となって進めることを考える人だった。

プロジェクトは、社長とその側近（ベテラン勢）の5人に絞ってグループウェアを導入することから始まった。

必要な情報を提供してもらい、ドメインアカウントなどの設定を行ったが、案の定、使い方については手取り足取りのレクチャーが必須だった。

私は「Google Workspace」の機能のなかで、まずは「Google Meet」（ビデオ会議ツール）と「Google Chat」（チャットツール）の提案をした。

このふたつを使えば、どこにいても、誰とでも、コミュニケーションがとれるので、便利さを実感してもらえると思ったからだ。こういった配慮は、ＩＴへの嫌悪感を抱かせないためにも重要なことである。

初回は約2時間の〝パソコン教室〟を開き、「Google Meet」にログインするところから始まった。

ミュートや画面共有などの使い方の説明、さらには「Google Chat」に招待したり、チャット内で「こんにちは」と送り合ったりするなど、オンラインの使い方をオフラインでレクチャーしたのだ。

●IT化で変化した社員同士の関係性

デジタルに慣れてもらうためのレクチャー会は、月1回、半年間にわたって行われた。途中から社員全員がプロジェクトに加わり、半年後には「Google Drive」（ファイルを管理・保存するツール）が部署ごとに構築されるまでになった。

社員全員がビデオやチャットで会話ができるようになったことでコミュニケーションはスムーズになり、それまで部署ごとの縦割りだった関係性が、縦横斜めのコミュニケーションまで意識されるようになった。

同時に、各部署間の情報共有をスムーズにするための施策も行った。

それまでのM社は、作業報告は紙で管理され、最新の工程表を印刷して、社員に配布するような状態だった。

そこで、「Google Drive」で**工程管理・施工管理の最新スケジュールをつねにスプレッドシートで管理できるようIT化**を進めた。

また、伝票は手書き、給料は手渡しだった経理業務の見直しも行った。クラウド会計ソフトを導入して効率化をはかったのだ。

そのほかにも、大切な顧客リストを安全にデータ化・保管できるツールや、オンラインで契約書を締結できるツールの導入など、多岐にわたって業務の効率化を実施していった。

M社にかぎらず、**会社の改革には単一の施策ではなく、包括的な見直しとそれに見合ったITツールの導入は必須**だ。

これらの諸施策の結果、当初の依頼を解決する展開になった。

全社員がオンラインでミーティングを行ったり、デジタルで仕事を管理したりするようになったことで、それまでのWi-Fiの強度では通信速度が遅く、業務に支障が出始めたのだ。

私はM社のネットワークを構築した会社を紹介してもらい、打ち合わせをしたうえで、DXに耐え得るWi-Fiを採用することにした。

2023年9月のことである。

●非デジタル会社がアプリまで開発しDXに成功

5人で始まったプロジェクトも、現在では大きく様変わりしている。

社長は、「部署間での業務の効率化」をミッションとして掲げ、DXに関してお金をかける方針を打ち出している。

そこで、社員が積極的に意見を言えるように「こういうことをしたい」という意見があれば、会社に上申できる仕組みをつくった。

上申する前に、社員から私に「こういうことをしたいのですが、どんなツールがありますか?」「こういうことをしたいけれど、何から調べたらいいですか?」という相談が寄せられた。

会社が社員の声を聞く耳を持ち、それが反映されることで、稟議や提案の数は増え、質もどんどん上がっている。

今では、「こういうことをすれば、このくらいの時間が削減できます。それにかかるコストはこのくらいです」というレベルの提案が上がってくるようになった。

振り返ってみると、ITツールを導入したことでM社にもたらした変化は本当にたくさんある。

- デジタルへの苦手意識がなくなった
- コミュニケーションの量と質が向上した
- 部署を超えて積極的に協業するようになった
- 業務効率化に向けて積極的に意見を言うようになった
- 複数のDX関連プロジェクトが自然発生するようになった

どんなに優れたITツールでも、使うのは「人」である。**ツールだけ導入して、終わり、そんな支援にならないように、しつこいぐらい向き合っていくのがコンサルタントの仕事**だと思っている。

「残すもの」「捨てるもの」を明確にしたリブランディング

業務効率を上げるためのデジタル化は進んだものの、M社には最大の問題が残っていた。地価の高騰でマンションの建設が難しくなったことによる、事業の見直しだ。

改めて言うと、M社は20～30代の夫婦でも新築マンションを買えるようにと、「少しでも広く、少しでも安く」を理念に、クオリティの高い商品をできるかぎり安く販売してきた。

社長は、この理念は貫きたいと言う。

社員を含めて議論を繰り返した結果、「新築へのこだわり」を捨てることにした。30歳前後の夫婦というターゲット、価格の安さはそのままに、「提供するもの」を見直すことにしたのだ。

「新築へのこだわり」を捨てたことで、新たな事業が起ち上がった。「リフォーム」と「マンションの仲介」である。

M社には、35年間で建てた自社のマンションが70棟あり、約7000世帯のオーナーがいる。創業当初に建設したマンションはすでに35年の歳月を重ねているし、10年、20年が経過すれば、リフォームを考える人も多いはずだ。

そこで、入居者向けのアプリをつくり、オーナーのみなさんに、リフォームの提案をしてみることにした。

アプリを登録することで、オーナーはチャットでM社に相談ができたり、リフォームのテストシミュレーションやマンション売買の査定ができたりする。

2024年4月にリリースした同アプリは、1週間で2000ダウンロードを実現。多くのオーナーから受け入れられた。

今後は、自社のマンションオーナーだけでなく、地域全体のリフォームのニーズも取り込んでいく予定だ。それによって、中古物件も販売ラインナップに加え、ターゲット層に、より多くの暮らしの提案ができるのではないかと計画している。

内部のリブランディング（インナーブランディング）をしたことで、外部に対するアピールの方法（アウターブランディング）も変更することになった（インナーブランディング、アウターブランディングについては第5章を参照）。

マンションメーカーとしてだけでなく、リフォーム会社や不動産仲介会社という側面もホームページで示す必要がある。

そこで、従来のデベロッパーのイメージが色濃かった硬い印象のデザインから、柔らかくてカジュアルな雰囲気のデザインに刷新した。

私の会社で提案させていただいた「暮らしを豊かに」のコピーのもと、「家を買う」「家を売る」「家をリフォームする」など、すべてのお客様の暮らしに寄り添う会社であることをアピールできるように整えたのだ。

ホームページとは別に、住まいに関するコラムサイトも立ち上げた。

ＡＩを使って情報収集と下原稿を作成し、担当者は原稿を整えるだけ。それも、ＩＴツールで確認・修正ができるようになっている。

チェックが完了したら、画像つきで自動的にサイトにアップさせる仕組みを構築したことで、少ない手間で自社のＰＲを行えるようにもなった。

M社はたった3年で大きく変わりました。

リモートワークにも対応できなかった会社が、ＩＴツールの導入によって、社員同士のコミュニケーションが円滑になりました。

社員間のコミュニケーションが活発になったことで、部署を超えての協業が可能になり、社員はより仕事がスムーズになる方法を自発的に考え、行動へとつなげていきました。

さらには、新規事業を起ち上げるまでになり、アプリのリリースやＡＩを活用した効果的なホームページの運用など、会社は大きな「変革」を遂げています。

社員は自立自走するようになり、仕事に対する取り組み方など社風までも様変わりした

のです。まさにＤＸの実現です。

Ｍ社が現在のように生まれ変わることができたのは、第一に社長が外部のコンサルタントの力を借りる決断をしたことだと私は思っています。

そして何よりも、**トップの「会社をなんとかしなければいけない」という危機感と、変革する覚悟、今いる人材を誰も取りこぼさないという思いの強さによるものです。これらは、中小企業が生き残るために必要不可欠な要素**です。

Ｍ社への支援（コンサル）は続いていますが、大きな転換期に準社員のようにかかわらせていただけたことを感謝するとともに、とても嬉しく思っています。この先のビジョンとして、ＶＲやＡＩの導入でリノベーション空間の体験ができるシステムを構築し、ＤＸをさらに加速させていく予定です。

本気で会社を立て直したいと思えば、Wi-Fiの意味がわからなくても、ＤＸは達成できるし、３年で会社を「変革」することは可能なのです。

次章からは、その具体的な方法を紹介していきます。

第1章

中小企業の「変革」はコンサルタントと組むことから始まる

CONSUL3.0

「IT化したい！でも、どうすればいいのかわからない」が9割

中小企業が等しく抱えているであろうIT化やDX導入に関する悩み、その必要性、解決策がわからないなど、序章で紹介したM社のような状況にある中小企業は少なくないと思っています。

同時に、多くの経営者が「どうすればいいかわからない」「何から始めればいいかわからない」「どこに・誰に相談すればいいかがわからない」というジレンマに苛まれているのではないでしょうか。

本章では改めて、これらの中小企業の問題解決に至る道筋を示していきたいと思います。

●中小企業のＤＸは不可避

数年前を振り返ってみましょう。

コロナ禍以前は、一般的に「働くこと」と「会社に通勤すること」は同義でした。オフィスに出社し、オフィスから営業先へ赴く、あるいはオフィスで規程の時間まで仕事をする。仕事が終われば帰宅して明日の仕事に備える。それが当たり前でした。

このような状況を変えたのがコロナ禍です。

「テレワーク」や「リモートワーク」という言葉が当たり前に使われるようになり、たび重なる緊急事態宣言と自粛の要請によって、通勤せずに自宅で働く（インターネットをつないで働く）スタイルを、多くの企業が余儀なくされました。

ちなみに、「テレワーク」という言葉の発祥は１９７０年代のアメリカだそうです。日本では１９８０年代頃から耳にするようになりました。総務省は、テレワークとは「ＩＣＴ（情報通信技術）を利用して、時間や場所を有効に活用できる柔軟な働き方」と定義しています。

「働く場所を変える」「出社せずに遠隔で働く」ことに対して、多くの人は「そんなの無理」と漠然と思っていたのではないでしょうか。ところが、実際には「意外と実現できる」とわかった企業が多かったのです。

コロナ禍が世間的に終わりを迎えた2023年以降、かつての出勤スタイルに戻った企業もありますが、リモートワークを継続している企業も少なくありません。社会的なリスクイベントによって、多くの企業が大なり小なりのIT化が進んだということです。

さらに、これは不可逆なものであって昔のように戻ることはないでしょう。スマートフォンを使うようになった私たちがかつての携帯電話（ガラケー）に戻ることができないのと同じように、企業もまたIT化の道を進まざるを得ないのです。

コロナ禍を経て、中小企業におけるDXの重要性はますます高まっています。しかし、その取り組みは十分とは言えません。

2023年に独立行政法人中小企業基盤整備機構が発表した『中小企業のDX推進に関する調査』によると、DX推進率は31・2％にとどまっています（すでに取り組んでいる14・6％、取り組みを検討している16・6％）。

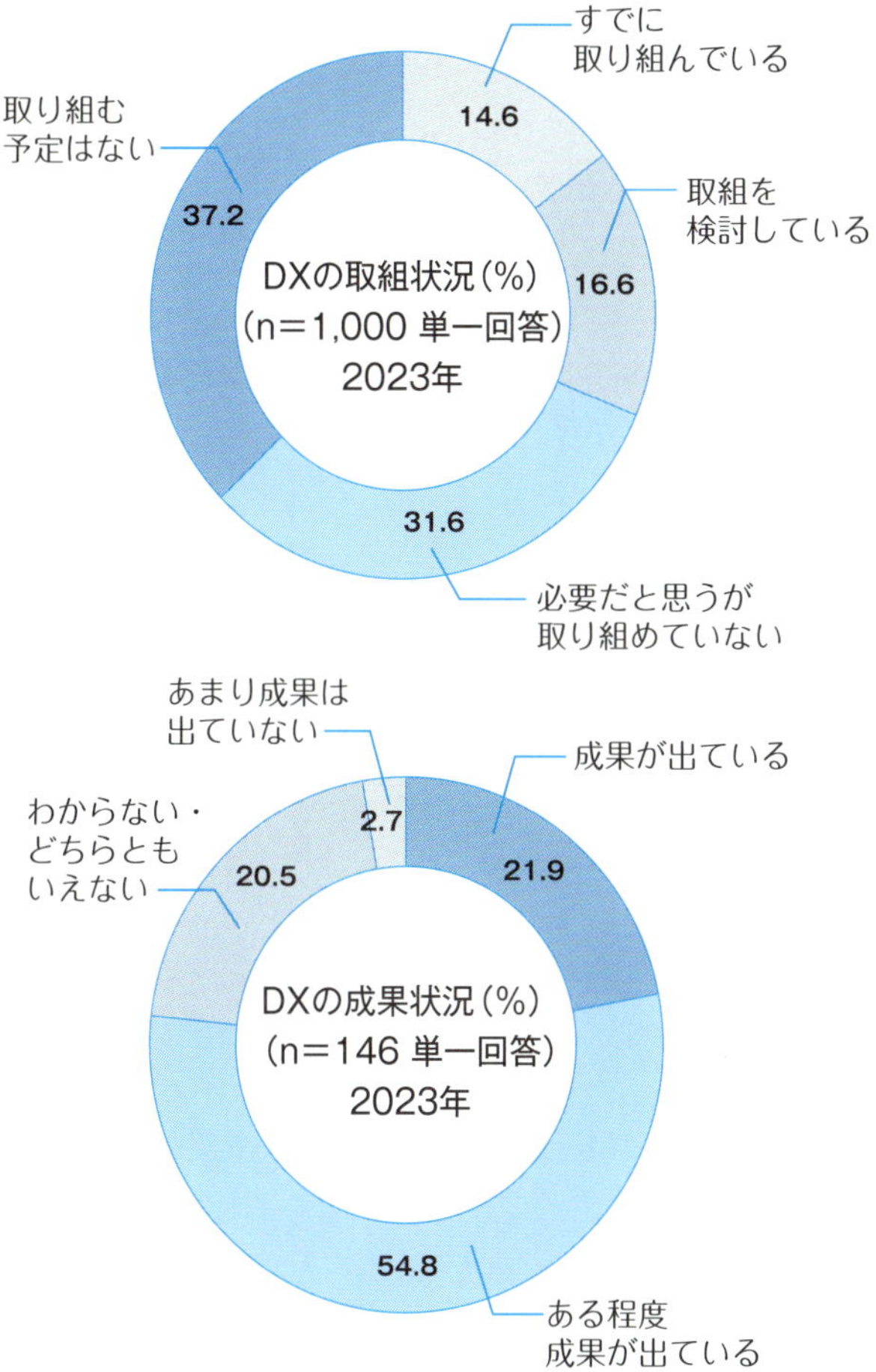

■中小企業のDXの取組状況・成果状況

出典：『中小企業のDX推進に関する調査』2023年（独立行政法人中小企業基盤整備機構）

一方で、ＤＸを推進した企業の76・7％が、成果が出ていると回答しました。

それにもかかわらず、ＤＸに着手していない中小企業がとても多いというのが現実です。それは次のような理由からだと推測できます。

- そもそもＤＸが何なのかも、自社に必要なのかもわからない
- 関心はあるし導入したいけれど、何から手をつけていいのかわからない
- ウチの会社には関係ない

ＤＸがイメージできず、自社に必要なのかどうかさえわかっていない人も多いと思います。しかし、ＩＴ化、ＤＸはすべての会社に必要です。

「IT化」「DX」とは

そもそも「ＩＴ化」「ＤＸ」とは何なのでしょうか？
簡単に説明してみましょう。

IT（Information Technology：インフォメーション・テクノロジー）

「IT」とは、コンピュータ上でソフトウェアを使ったり、インターネットで通信したりすることです。

「IT化」とは、コンピュータを使い業務をデジタル化して、効率化や生産性向上のための仕組みを構築することです。

DX（Digital transformation：デジタルトランスフォーメーション）

以下は経済産業省によるDXの定義です。

「『DX』とは、企業がビジネス環境の激しい変化に対応し、データとデジタル技術を活用して、顧客や社会のニーズをもとに、製品やサービス、ビジネスモデルを変革するとともに、業務そのものや、組織、プロセス、企業文化・風土を変革し、競争上の優位性を確立すること」

要約すると、**「デジタルを使った『変革』」をDX**と言います。

ポイントとなるのは「変革」です。

ＤＸを語るときに、「社内の連絡のやりとりに「Chatwork」を導入した。これもＤＸのひとつと言えるのか？」という疑問があがったりします。

答えは「ノー」です。

「Chatwork」や「Facebookメッセンジャー」などのＩＴツールを導入することでＩＴ化にはなりますが、ＤＸとは言えません。

ＤＸはデジタルを使った「変革」なので、その程度の変化では変革とは呼べません。

ＩＴツールを導入したとしても、それがどこかの一部署、一部分の作業効率を良くすることだけで完結してしまっては、「ちょっとした変化」に過ぎないのです。

ＤＸはデジタル技術やＩＴツールを導入すること自体ではありません。大本から社員の意識や業務を変えてしまう規模感の変化を意味します。

序章の物語にもあるように、社員が自立自走するまでになれば、それはまぎれもない「変革＝ＤＸ」です。

consul 3.0

DXの推進には社長の覚悟が必須

ＤＸ推進を決定し、ＩＴツールを導入したならば、社員がもとのアナログのほうがやりやすいなど、勝手にやり方を変更しないように、きちんと監督しなければなりません。「導入したＩＴツール以外は使わない」という必須化や方針転換が必要です。

だからこそ、トップである社長の「絶対に遂行する！」という強い意志があるかどうかに、結果は大きく左右されます。

Ｍ社のようにミッションとして掲げるくらい、社長自らが旗を振って組織全体をＩＴ化していく意識が重要なのです。

多くの識者が「とくに**中小企業におけるDXの推進は、経営者の覚悟とリーダーシップが必要不可欠**」と述べています。

「ウチには関係ない」というのは論外ですが、コロナ禍を経て、その重要性に気づいた経営者は多いと思います。

関心はあるし、導入したいけれど、

- 何をすればいいかわからない
- どんな変化があるのかがイメージできない
- 誰に頼めばいいかわからない

という方は、本書はとても役に立つと思います。

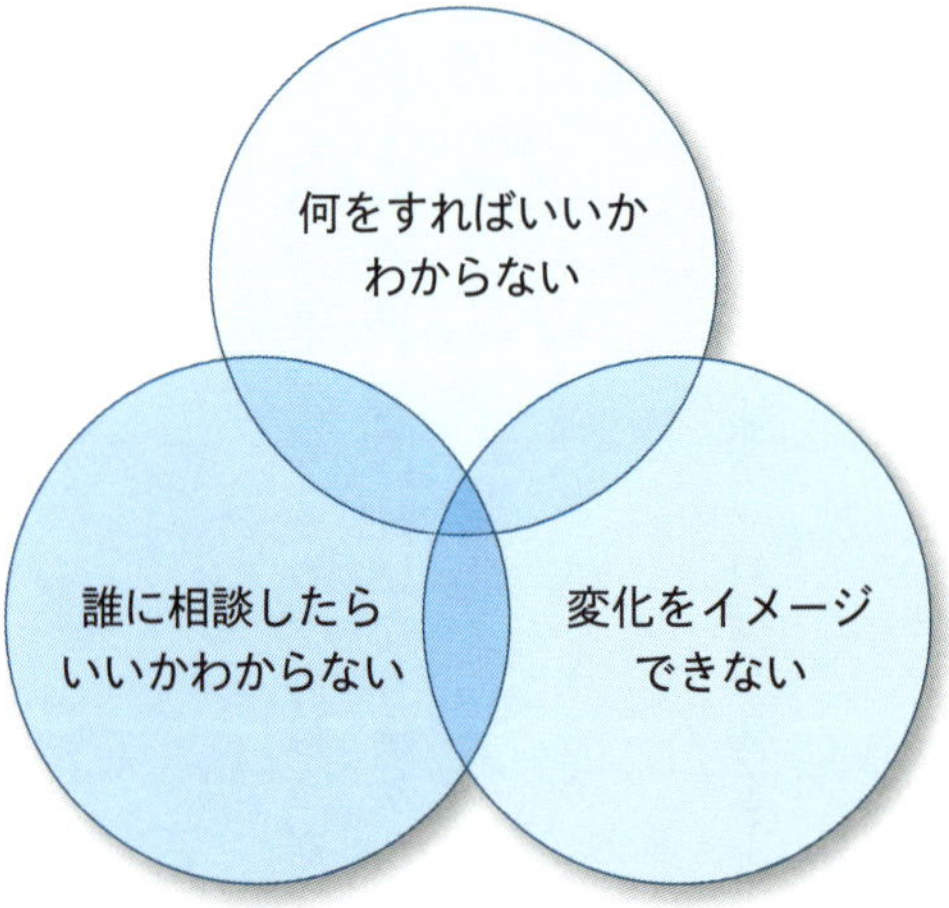

DXを推進したいけれど……

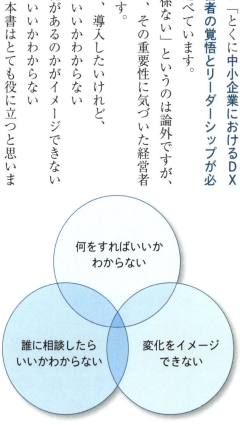

consul 3.0

ＩＴ化で生産性を上げたいけれど、なかなかできない中小企業

ＩＴ化、ＤＸという言葉とともに近年、よく耳にするのが「ＡＩ」です。

「ＡＩ（Artificial Intelligence：アーティフィシャル・インテリジェンス）」とは、日本語で「人工知能」と訳されるように、人間に代わって仕事をするコンピュータプログラムです。したがって、まずＩＴ化しなければ導入できません。

２０２２年12月に、ＡＩチャットサービス「Chat GPT」が登場し話題になりました。手軽に使えることから、公開からわずか2か月で1億人のユーザーを獲得したそうです。もしかしたらあなたの会社でも、リリース当初に「Chat GPT」に触れたかもしれません。ですが、現状はどうでしょうか？

私の肌感覚ですが、「話題になった頃に興味本位で少し触っただけで、あとは使っていない」というところが少なくないと思います。

もしくは、「社内の情報をChat GPTに入力するとデータを盗まれるのでは」というセキュリティ面での心配や、そもそも「よくわからないから活用できなかった」という会社がほとんどではないでしょうか。

現在、多くの中小企業では、「人」＝「採用」が大きな課題になっています。

労働人口の減少によって採用ターゲットが減少し、採用活動自体が高額投資になっている現状があります。人が採れない以上、「今、在籍している社員たちと、どう事業を行っていくか」を考えなければなりません。

その方法がＩＴ化なのです。

企業はＡＩを含めたＩＴツールを活用していくことが不可欠です。ＩＴ化なしに生産性を上げていくことはできないのです。

consul 3.0

AIツールで「人員」を増やし作業効率を上げる

序章で紹介したM社では現在、コラム原稿のタイトル案出しや下書きになる記事をAIに書かせています。加筆や言い回しの変更などのチェックは必要ですが、情報はAIが収集してくれるので、ゼロから書くよりも効率的なことは言うまでもありません。

みなさんの会社でも、さまざまな作業でAIを活用することができます。

AIツールには、文章作成ができる「Chat GPT」のほかにも複数のツールがあります。チャット形式でリアルタイムに顧客対応してくれる「Coze」（チャットボット系）、テキスト指示で画像を生成してくれる「Midjourney」、やはりテキスト指示でWebデザインをしてくれる「Figma AI」など、機能を理解し使い分けることで、業務効率は格段にアップします。

そこで、ＡＩツールを使うことで、少ない人員でも作業効率や顧客満足度を上げられるふたつの例を見てみましょう。

書類を作成するＡＩツール

どの会社にも、自社オリジナルの契約書や申込書があると思います。それを文章作成のＡＩツールに事前に読み込ませることができるのをご存知でしょうか？

取引先によって、社名はもちろん、金額や品目も変わりますが、すでに読み込ませた情報のなかで変更したい部分だけを箇条書きで入力して、「他は同じでつくって」とＡＩツールに指示すれば、一からつくらなくても必要な書類を簡単に作成することができるのです。

さらに、その確認もＡＩにやらせることができれば、社員がダブルチェックする手間を減らすこともできます。

顧客の一次対応をするＡＩツール

ＢｔｏＣ（Business to Customer）の事業を行っている企業であれば、コールセンターのようなカスタマーサポート部署があると思います。

お客様への応対については、企業ごとに「このような質問にはこう答える」というトークスクリプトや回答集があるはずです。それを事前にＡＩ（チャットボット系）に読み込ませることで、初期対応をチャット機能に置き換えることができます。

設定段階で大量の文字を入力することになるので最初は大変ですが、それ以降の作業はかなり効率的になります。

お客様からの最初の問い合わせのやりとりはチャットでＡＩにさせ、二次対応から人（社員）が入っていくことができるのです。ＡＩが行ったチャットのやりとりを見て、状況を引き継いでおけばスムーズに対応できます。なかには、ＡＩのやりとりだけで済む問い合わせもあるでしょう。

コールセンターの人員を増やすことなく顧客対応ができるうえに、いつまでたってもつながらない電話に、お客様がイライラするような事態も避けられます。

このように、ＡＩツールを使えば解決できる問題がたくさんあるのに、トップがＩＴ化の決断ができないせいで、現場が疲弊してしまったり、採用活動に無駄なお金をかけてしまったりしている企業は少なくありません。

AIツールの活用は、中小企業にとって「仮想的な人員増」をもたらす可能性を秘めていることを知ってほしいのです。

ローコード／ノーコードのAI開発プラットフォーム（「Microsoft Power Platform」や「Google Cloud AutoML」など）を使用することで、プログラミングの専門知識がなくても、自社の業務に特化したAIモデルを開発・導入することが可能になってきています。

また、次の成功事例からもわかるように、中小企業にとってAIツールの導入は、省力化の手段のみならず、競合他社との競争力を大きく向上させる可能性も秘めているのです。日進月歩で進化しているAIは今後、さらに使い勝手が良いサービスが増えたり、効果的に利用できる範囲が広がったりしていくと予想されます。

■実際に私がコンサルしたAIツール導入企業の成功事例

【従業員50名／製造業】

●自然言語処理AIツール「GPT-3」をもとに、カスタムAIチャットボッ

トを導入

- 24時間体制の顧客サポートを実現
- 顧客満足度が23％向上
- サポート担当者の作業時間を40％削減

【従業員80名／食品加工業】

- 画像認識システムのＡＩツールを導入
- 製品の品質チェックを自動化することで、品質管理の効率化を実現
- 検品にかかる時間を65％削減
- 不良品の検出率が98％まで向上

【従業員30名／小売業】

- 予測分析ＡＩツールを導入
- 在庫管理の最適化を実現
- 在庫回転率が1・5倍に向上
- 廃棄ロスを60％削減

社長がするべき3つの仕事

ここで、改めて「社長の仕事」について考えてみましょう。

社長の仕事は多岐にわたりますが、社長がするべき仕事は大きく分けて次の3つだと思っています。

(1)財務管理と資金の調達
おそらく、社長の頭はつねにお金のことでいっぱいのはずです。どうやって資金を調達するか、金融機関からの借り入れや自己資金なども念頭に置きながら、会社のキャッシュフローが回っている状態を維持しなければなりません。

そのためには、投資家や金融機関との関係を構築したり、利益を最大化するための財務管理を行ったり、持続可能な成長を実現する必要があります。

(2)組織・人材のマネジメント

中小企業は大手に比べて人材の確保が厳しく、募集しても応募がない、内定を出しても辞退されてしまうということが起こりやすいと言えます。

さらに、定着率の向上＝離職防止の面でもつねに頭を悩ませている社長は多いはず。「リテンション・マネジメント」という言い方もしますが、定期的に懇親会を開く、評価・表彰をして、定着してもらうよう・離職しないよう働きかけるといった取り組みをしている企業も多いのではないでしょうか。

規模の小さい中小企業では、人事部門が独立していないケースも多いので、これも社長がするべき仕事になっています。

(3)戦略的な意思決定

会社の方向性（長期的なビジョン）を決めるのは、社長です。そして、その方向性とは利益を生み出し、会社の価値を上げていくものでなくてはいけません。

利益を生み出すための方法として、商品・サービスの見直しや発案に目が行きがちです。

詳細は第5章に譲りますが、じつは**「ミッション・ビジョン・バリュー（Mission, Vision, Value：MVV）」の見直しや策定のほうが、会社の価値を高める効果は高い**のです。

大半の企業ではMVVを、ホームページやパンフレットなどに掲げています。しかし、形骸化していたり、体裁を整えるだけのものになっていたりする企業が多いというのが私の実感です。

「自社が何のために存在しているのか」と

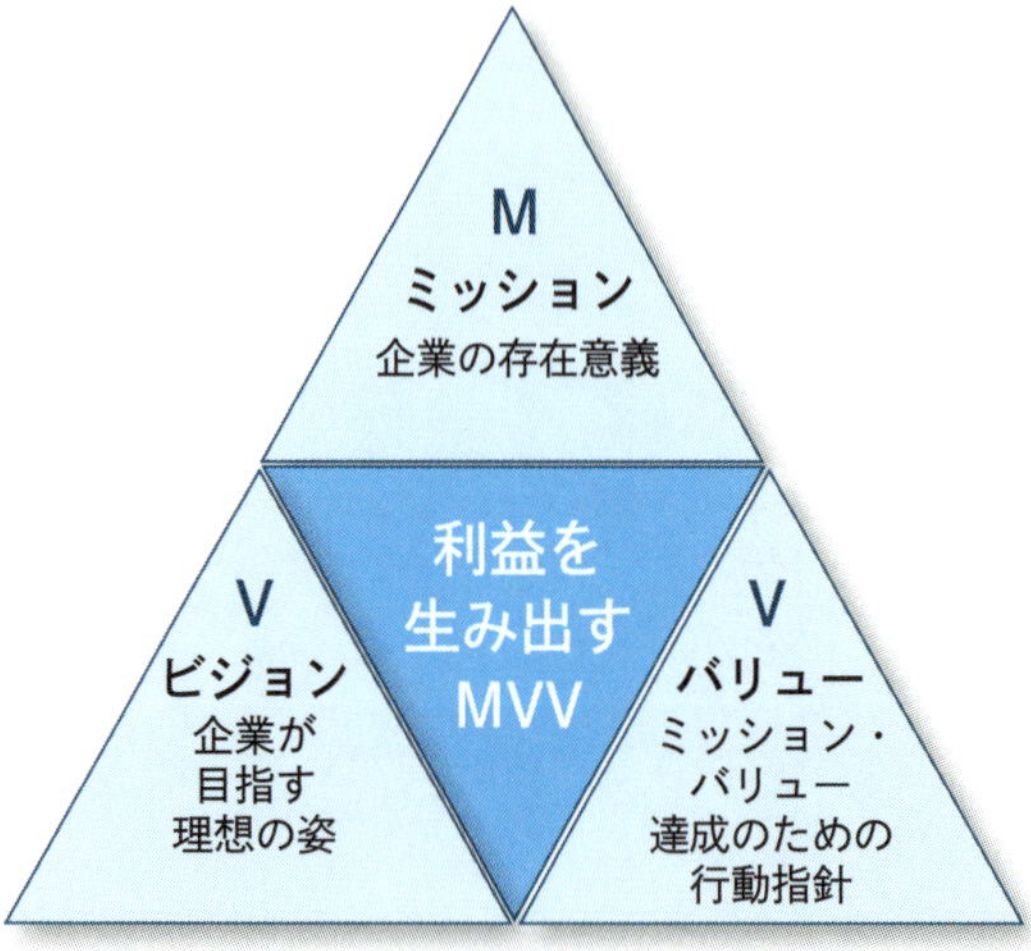

いった意義を、社長がはっきりと答えられない、ホームページをつくるときに制作業者から必要だと言われたからとりあえずつくったというケースが7～8割です。そもそもMVVのない中小企業もあります。

残念ながら、**崇高な理念よりも目先の利益ばかりに目を向けている社長が多い**のです。目先の利益を優先することで、会社や商品・サービスの魅力が顧客に伝わらないばかりか、社員たちは何のために働いているのか、その意義を感じられず、生活費を得るためだけのライスワーク（Rice work）として仕事をするようになります。そうしてモチベーションが保てず、離職につながってしまうのです。

3つの社長の仕事のなかで、最も大切なのが(3)です。

ただ、フォローをするわけではないのですが、中小企業はつねに人出不足であり、実務まで社長がやらなければいけない企業も少なくありません。そのため、MVVを考え、浸透させる余裕がないというのが実情と言えるでしょう。

外部に頼れる社長、外部に頼れない社長

ＭＶＶの策定については、社長一人で抱え込まずに頼るべき、しかも「外部」に頼るべきだと私は思います。

理由は後述しますが、そもそもの問題として、**「人に頼れる社長」と「人に頼れない社長」が存在します。**

人に頼れる社長は、考え方が柔軟で新しいことにもチャレンジできます。

永続的な企業運営を考えた場合、ＩＴ化やＡＩの導入、ＤＸ推進は必須です。それらに興味・関心があり、必要性を感じているけれど、どうしたらいいかわからなければ、知っ

ている人に頼ろうと考えます。

このような社長は、自分が引退して次の世代に会社を引き継ぐときに、単に業務を承継するだけでなく、会社の強みや存在意義も浸透させたうえで承継しないといけないと考えています。

一方で、**人に頼れない社長というのは、自分のやり方、もしくは受け継いだやり方に固執して、新しいことにチャレンジできない**というのが私の印象です。

どんなに能力が高くても、社長一人にできることはかぎられているのです。また、私自身もそうですが、自社の強みを客観的に見られないことは往々にしてあります。

とくに二代目社長の場合、先代を超えられないというマインドに陥り、現状維持を続けようとしたり、ゼロからやっていないことへの葛藤があったりと、過去のやり方を踏襲しようと考えてしまいがちです。これでは、会社の未来に不安が残ります。

「相談できる人がいる」ことが価値

私は本書をきっかけに、**人に頼れる社長はこれまで以上に多くのことを、頼れない社長はぜひ人に頼れる社長になっていただきたい**と考えています。

時間は有限です。一人で問題を抱えて時間を無駄にしてほしくないのです。そもそも、社長が一人で解決できない問題はたくさんあります。

では、実際に**「誰」に頼るのか?**

「外部」とは誰なのか?

その答えが「コンサルタント」です。

「なかなか売上が伸びない……」
「新規・中途社員の採用がうまくいかない……」
「最近、ライバル企業の新商品にシェアを奪われている……」
「自社ＥＣサイトが古くさくリニューアルしたいけど社内でできる人がいない……」
「ＩＴ化できない、進まない……」

中小企業の問題は多岐におよぶと思いますし、１社ひとつということもありません。問題に対する課題となると、その数はもっと増えます。

ひとつの問題を解決するために、いくつもの課題をクリアしなければいけない可能性もあるのです。

年商１００億円を越える大企業ならともかく、年商5～20億円の中小企業において、それぞれの問題を解決するために、すでに専門知識を持っている社員を新たに雇う余裕はありません。

そこで考えていただきたいのが、コンサルタントという外部専門家の活用です。

繰り返すように、**これからの時代、ＩＴ化は必須であり、できなければ売上アップはもちろん、会社の存続さえ危うくなっていきます。**だからこそ、「何が問題なのかわからない」「何をしたらいいのかわからない」というレベルでも、コンサルタントに相談してもらいたいのです。

もちろん、外部に頼ればお金が発生します。実体のないものにお金を払うことに抵抗を感じる人もいるかもしれません。

しかし私は、**「相談できる人が存在する」こと自体に価値がある**と思っています。事実、私はこれまで「社内に経営について相談できる相手がいない」という社長の言葉をたくさん聞いてきました。

誰かに悩みを吐き出すだけでも不安は軽減するでしょうし、相手がコンサルタントなら問題解決にもつながります。

相談できる人から的確なアドバイスをもらって実行することで、社長の悩みの大半は10倍のスピードで解決できるのです。

consul 3.0

8割の中小企業にはコンサルタントが必要

東海ビジネスサービス株式会社が2022年に行った、従業員300人以下の中小企業経営者を対象としたコンサルにまつわる調査があります（次ページ参照）。

「現在、コンサルティングサービスを利用している、もしくは過去に利用したことがある」という回答は26・2％、**「コンサルティングによって問題が解決した」という回答は85％**という結果が出ました。

つまり、8割以上の確率で問題が解決するのに、コンサルタントを活用している中小企業は3割にも満たないのです。

この結果が示すように、コンサルタントを活用することこそが、中小企業の永続的な経営を可能にし、強い会社になる戦略と言えます。

経験豊富なコンサルタントは臨機応変に対応し、「100人の社長の悩み」に、それぞれまったく異なる100通りの解決策を示してくれます。

多くの企業のさまざまな問題に対応してきたコンサルタントだからこそ、社内では見つけられない答えを持っているのです。

そんな「社長の右腕」になってくれる優秀なコンサルタントを選び、会社の成長と売上アップにつなげてもらいたいと考えています。

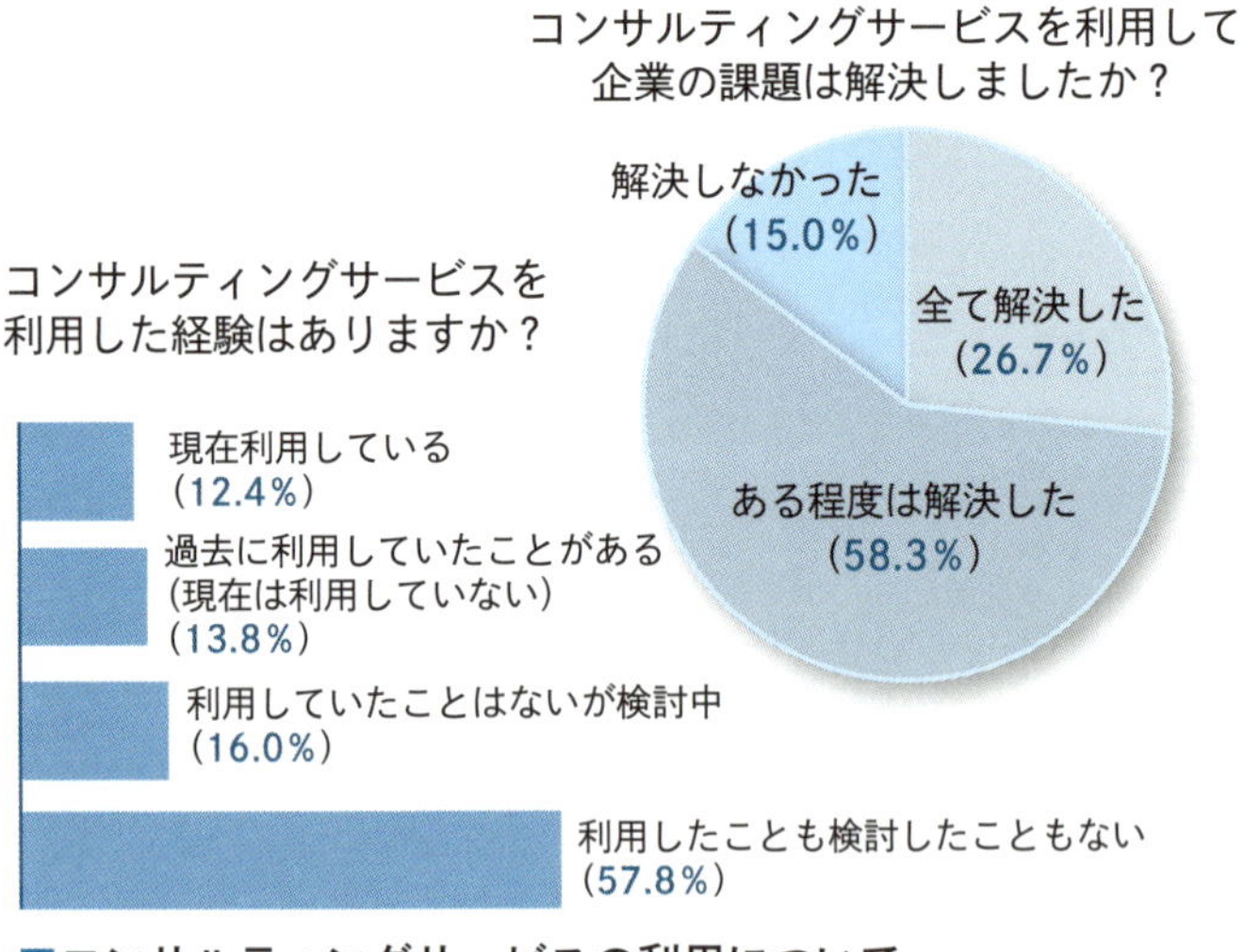

■コンサルティングサービスの利用について
出典：東海ビジネスサービス株式会社 2022 年

consul 3.0

中小企業でもコンサルタントと直接つながれる時代になった

２０２４年２月19日～年２月25日の「Netflix週間グローバルランキング」（非英語作品）で第１位に輝いた作品に、『忍びの家 House of Ninjas』があります。

大変興味深いのは、この作品は主演俳優でもある賀来賢人さんが企画・制作した、という点です。

芸能事務所を通して受けたオファーの役柄を演じるのではなく、俳優自らが企画・主演してドラマを制作するといった流れが、今の日本の芸能界で起こりつつあるのです。以前の日本の芸能界では考えられないことでした。

業界の「当たり前」が変化している現象は、コンサルタント業界でも起きています。

かつて、コンサルタントと言えば、大手のコンサルティング会社や外資系企業であり、行う仕事は大規模案件が大半でした。必然的に費用も高額になり、仕事を依頼できるのは大企業だけという世界でした。

昔から小さなコンサルティング会社はありましたが、大手コンサルティング会社の下請けとして、仕事を受けるのが当たり前でした。

しかし、現在では**小さなコンサルティング会社が、独自のルートで中小企業向けのサービスを提供しています。つまり、中小企業は直接、コンサルタントとつながれる時代になったのです。**

私の会社も小規模のコンサルティング会社です。紹介を通して相談を受けることもありますが、自社ホームページで発信している記事を見た中小企業からの依頼も多くあります。ホームページで定期的に『ナレッジコラム』というブログを発信していて、中小企業向けにAI導入の方法や分析事例などの記事を掲載しています。それをきっかけに問い合わせがくるのです。やはり、IT化やAI、DXに関する記事のニーズが圧倒的に高いと言えます。

生成 AI ×建築：Midjourney で内装写真を雰囲気ドリブン生成

GPT-4o とは？　最先端モデルがなんと無償提供！　音声も映像も通訳も！

ChatGPT と統合される Apple Intelligence は何が嬉しいのか

「経営資源弱者」だからこそ、少ない資源で勝てる戦略を考える

今では誰もが知る大企業となった「ソフトバンク」や「ＨＩＳ」が、中小企業時代に行った「ランチェスター戦略」、もしくは「ランチェスターの法則」という市場攻略の考え方があります。

ご存知の方も多いと思いますが、「ランチェスター戦略」とは戦力に劣る弱者が戦力に勝る強者を相手にどう戦うべきかを考えた戦略であり、「弱者の戦略」と「強者の戦略」のふたつがあります。

「同じ武器を使うなら、勝敗は兵力数で決まる」という定義のもと、兵力が少ない中小企業は「一騎打ち」「局地戦」「接近戦」など、戦い方を工夫しなければなりません。

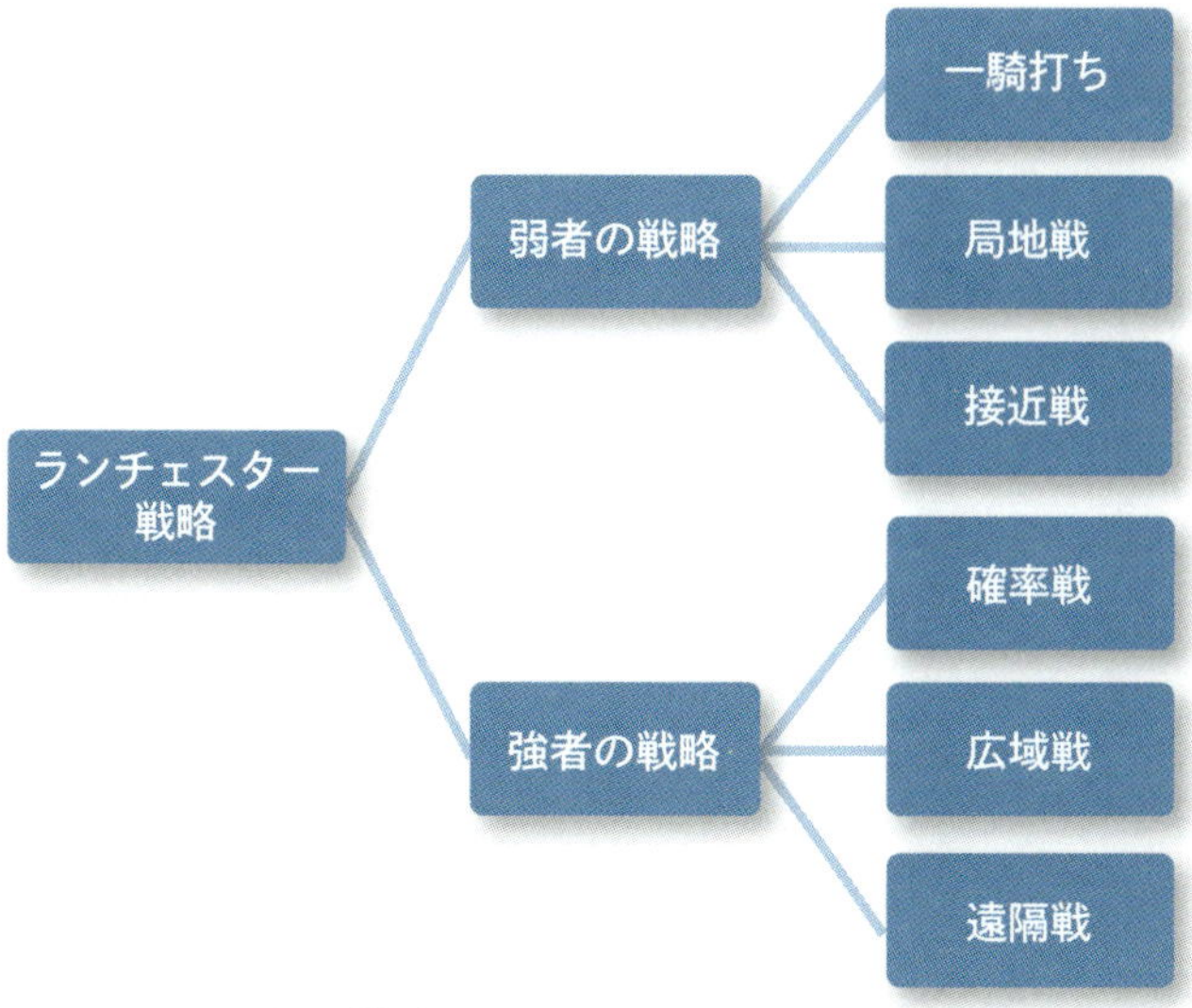

■ランチェスター戦略

たとえば、HISは零細企業だった当時、あえて人気観光地を避け、まだ日本ではマイナーだったバリ島のツアーを取り扱うことで、バリ島観光の国内シェアナンバー1を獲得しました。

その後、別のマイナー観光地を開拓して、再び国内シェアナンバー1を獲得。つまり、一騎討ち、局地戦といった戦い方でひとつずつ勝ち続け、シェアを広げていったのです。

このように、ランチェスター戦略では、中小企業こそ「弱者の戦略」によって小さな1位をコツコツと積み上げていくことが本領とされています。

なぜなら、中小企業には経営資源と呼ばれる「ヒト・モノ・カネ・情報」が大企業に比べて足りていないからです。ピースに欠けがある以上、武器がそろっていないことを理解したうえで経営戦略を練り、戦っていかなければなりません。

欠けている部分の戦力を補うのが、コンサルタントです。中小企業向けのコンサルタントは、「弱者の戦略」である一騎討ちや局地戦といった戦い方を熟知しています。

コンサルタントという外部に頼る方法にアレルギーを感じる社長もいるかもしれません。

たしかに、中小企業がすべき戦略を理解していないコンサルタントは存在します。大企業と中小企業では、戦い方が違うのにそれをわかっておらず、お高い目線から「経営資源はすべてそろっている（はず）」というスタンスでコンサルティングを行うコンサルタントです。

当然、噛み合わない部分が出てきて、結果も出ません。中小企業の社長からすれば、台所事情を知ろうともせず、表面しか見ていないコンサルタントが何を言っても「この人は何もわかっていない」となるわけです。

「コンサルタントなんて、役に立たない」という意見をよく耳にしますが、このズレが原因であることがほとんどです。

だからこそ、コンサルタント選びが重要になってきます。

詳しくは次章でお伝えしますが、中小企業を熟知し、それに見合った解決策を持っている経験豊富なコンサルタントは確実にいます。

自社に合ったコンサルタントを選ぶことができれば、きっとあなたの最高の右腕として活躍してくれます。目の前の悩みを解決するだけでなく、未来を見据えた戦略をアドバイスしてくれます。

それが、「寄り添うコンサルタント」です。

「寄り添うコンサルタント」と一緒に歩んでいくことが、経営資源弱者である中小企業が少ない資源でも勝っていける戦略なのです。

第2章

中小企業にマッチするコンサルタントを見つけよう

CONSUL 3.0

中小企業のための「コンサル3・0」

本章では、コンサルタントを選ぶ際のポイントについて説明していきます。

自社に合うコンサルタントを見つけるためにも、コンサルタントの種類について知っておく必要があるでしょう。

コンサルタントは次の3つに進化・分化しています。説明するまでもありませんが、中小企業が選ぶべきなのは、「コンサル3・0」一択しかありません。

「コンサル3・0」は、中小企業のあらゆる問題に対応でき、課題（問題の解決法）を熟知しています。また、**業務範囲や業務時間にこだわらない「小回り」こそが、中小企業に必要なコンサルタントの要素**です。

■コンサルティング業務の進化・分化

	コンサル 1.0	コンサル 2.0	コンサル 3.0
企業規模	●大手コンサルティング会社 ●外資系コンサルティング会社	●大手コンサルティング会社 ●中規模コンサルティング会社	●個人経営のコンサルティング会社 ●小規模コンサルティング会社
主なコンサルの種類（専門分野）	●総合系 ●「経営戦略」「事業戦略」「事業再生」「M&A」など	●専門系 ●「IT」「人事」「税務」「マーケティング」「製造」など	●オールマイティ系 ●総合系から専門系まで幅広く対応
スタイル（特徴）	●解決策提示型 ●指示はするけど実務はしない ●現場よりも理論を重視	●解決策提示型 ●コーチングスタイル	●問題解決型 ●実務も請け負う ●理論より現場を重視
寄り添い度合い	●時間外の対応はせず、小回りがきかない	●専門分野に特化しており、それ以外の相談にはのってくれない ●時間外の対応はせず、小回りがきかない	●経営者のあらゆる悩みに寄り添う、カウンセリングタイプ ●いつでも駆けつけてくれ、小回りがきく
クライアントの規模・種類	●大企業	●大企業 ●問題と課題が明確な企業	●中小企業
費　用	大規模案件がメインで、費用は高額	「コンサル 1.0」と組んだ大規模案件や問題と課題が明確な案件を請け負い、費用設定は依頼内容によって幅広い	小規模案件から中規模案件まで幅広く請け負い、費用はリーズナブル

料金面でもコンサルタントを選べる時代になった

「コンサル3・0」は、料金面でも中小企業の味方です。

大企業向けの「コンサル1・0」の場合、料金は月間で数千万円～1億円、なかには10億円の会社もあります。「コンサル2・0」の場合、一般的に料金は月100万円前後になってきます。依頼内容によってはそれ以上になってしまうこともあります。

その点、**「コンサル3・0」は、月30～60万円、個人経営のコンサルタントであれば月数万円から依頼を受けている**こともあります。もちろん、安すぎるコンサルタントは実力面で心配なところがあるなど、見分ける目は必要です。そのポイントをこれからご紹介していきますが、導入するハードルはかなり低いことがおわかりいただけると思います。

consul 3.0

なぜ、「コンサル1.0」は中小企業に向かないのか？

大企業向けのコンサルタントの場合、業務範囲や費用だけでなく、価値観そのものが中小企業と合わないことが少なくありません。

コンサルタントと聞くと「海外の大学を出ている超高学歴で、大手コンサルティング会社や外資系コンサル会社に所属」というのが一般的な認識ではないでしょうか。

このような経歴のコンサルタントは、総じて横文字を使いがちです。彼らが相手にするのは大企業であり、グローバルな案件も多いため、横文字が通じやすい（というより、横文字を使う文化がある）という理由が挙げられます。

また、前章の最後で述べたように「経営資源はそろっている」前提でコンサルティングをする世界しか知りません。

大手のコンサルタントは優秀な人たちかもしれませんが、目の前にある問題だけを見据えた、現場を知らない理論を提案することが少なくないようです。

見栄えのいい資料がアウトプットとして出てきたけれど、現場では使いものにならなかったという声も耳にします。現場経験のない人が多いのですから当然です。


そして、**最大の懸念は企業文化をあまり重視しない傾向にあること**です。

企業文化とは、「企業の理念や、理念をもとにした風土」のことです。「企業に流れている血」や「会社らしさ」と言い換えることもできます。

規模が大きく、社員の数が多い大企業の場合、企業文化は薄まってしまいがちです。社長と話すどころか、直接会う機会さえほとんどないため、部署ごとに色が違っていたり、個々で見ると文化がまったく浸透していなかったりすることは往々にして起こります。

しかし、中小企業は社長と社員の距離感が近いため、社長の考え＝企業文化がダイレクトに浸透しやすいと言えます。つまり「会社らしさ」の認識が社長も社員も同じなのです。

そんな社風を持つ中小企業に、大企業向けのコンサル経験しかないコンサルタントがやってきて、「ふだん耳にしない横文字を多用する」「現場を知らない」「企業文化を重視しない（理解しようとしない）」コンサルティングを行えば、ひずみが生じるのは当然です。

中小企業には、中小企業に合ったコンサル能力が求められます、それが「企業文化への理解力」や、「現場対応力」です。

この会社はどういった歴史を持っているのか。
どのような人たちがどう働き、現状はどうなっているのか。
会社が求める未来に進むためにはどんなリソースが足りていないのか。
目の前の問題だけでなく、企業の過去・現在・未来、そして働く社員たちの個性までしっかり把握しないことには、問題解決にはつながらないのです。

誤解してほしくないのは、大企業向けコンサルタントを否定しているわけではないということです。彼らにもまた、彼らに合ったフィールドがあります。

経営資源がかぎられている中小企業と大企業では、できることの範囲は大きく異なります。この前提をふまえずに、中小企業のコンサルティングをしても、必ず食い違いは起こってしまいます。

社員よりコンサルタントを雇うべき3つの理由

読者のなかには「そもそも、なぜ外部のコンサルなのか？　外部でなく社員として専門知識を持っている人を雇う、もしくは育てればいいのでは？」と考える人もいるかもしれません。

実際に、独立行政法人情報処理推進機構が発表した『ＤＸ白書２０２３』には、それを裏づけるデータがあります。「ＤＸを推進する人材の獲得・確保」の取り組み状況で、最も割合が高いのが「社内人材の育成」です。

たしかに、その考え方自体は否定しません。しかし、人材の確保・育成がどれだけ大変かは、中小企業の社長こそ身に染みているのではないでしょうか？

私がコンサルタントをおすすめする理由は次の3つです。

【中小企業がコンサルタントを雇うべき3つの理由】
(1)「絶対に辞めない外部社員」を確保できる
(2)「新鮮」「多様」「安全」な情報が手に入る
(3)「即戦力」をリーズナブルな価格で獲得できる

それぞれ詳しく解説していきましょう。

(1)「絶対に辞めない外部社員」を確保できる

厚生労働省が2020年に発表したデータによると、入社3年以内の離職率は大卒が32・3%、短大卒が42・6%、高卒が37%だそうです。その後も3割程度を推移しています。

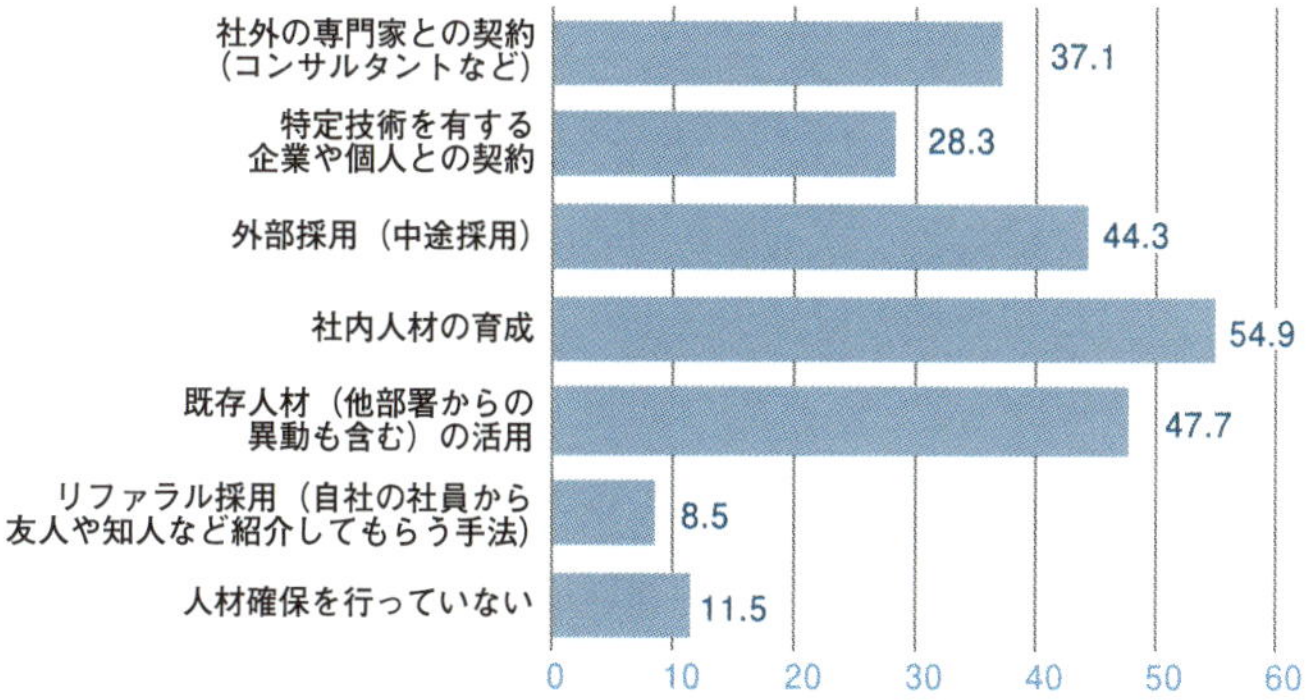

■ DXを推進する人材の確保・獲得（『DX白書2023』）

入社からの3年間は育成期間です。企業にとっては、いわば先行投資期間ですから〝赤字〟なのです。にもかかわらず3～5年で退職されてしまっては、それまでにかけた時間やお金、労力が水の泡になってしまいます。

加えて、社員が辞めるということは会社のノウハウが流出する恐れがあるというデメリットも含みます。

社員を雇うことを否定するわけではありませんが、そもそも人が採用しづらい中小企業にとってリスクが大きいことはおわかりいただけると思います。

一方で**コンサルタントは〝絶対に〟と言っていいくらい辞めません。**関係が終了するのは、基本的に企業側にコンサルタントへのニーズがなくなったときです。

コンサルタントは企業に長期的な価値提供ができることを望んでいます。だから、つねに企業がよりよくなる施策を考え、提案します。担当するコンサルタントが退職すれば、別の担当者をアサインします。

外部にもかかわらず愛社精神を持って働いてくれるわけです。

定着するかどうかわからない社員に固定給を支払うより、**使えなければ契約を切ること**

ができるし、優秀であれば「辞めない外部社員」を雇うことができると考えれば、メリットは計り知れないと思いませんか？

さらに、情報流出の心配もありません。コンサルタントは守秘義務を負います。企業とコンサルタントが契約する際、同時に「秘密保持契約（Non-Disclosure Agreement：NDA）」も結ぶからです。

NDAの範囲がどの程度かにもよりますが、基本的に外部に情報が漏れることはないので、「コンサルタントを雇っていることを秘密にする」ことも可能です。

(2)「新鮮」「多様」「安全」な情報が手に入る

コンサルタントは、つねに新鮮で多様な情報を安全に提供してくれます。

コンサルタントはその筋の専門家ではありますが、当然、提案した施策が成功することもあれば、失敗することもあります。

「なんだ、失敗するのか」と、マイナスに受け取らないでください。むしろ、企業にとってはプラスなのです。

なぜなら、成功も失敗も経験しているからこそ、その経験のなかから「失敗しない方法

（うまくいく方法）」を提案してくれるからです。

中小企業の社長のなかには、失敗を恐れて新しいことにチャレンジできない方は少なくありません。そんなとき、**より成功率の高い方法や施策を提案してもらえるわけですから、企業は安心材料を得たうえで、チャレンジすることができます。**

コンサルタントは過去に、さまざまな分野の企業と一緒に仕事をしてきています。私自身も1000社を超える中小企業のコンサルをしてきました。第6章で成功事例をお伝えしますが、食品加工・販売会社やITシステム開発会社、美容室、音楽教室など、ジャンルは多岐におよびます。

異なる分野・業界の企業の立て直しに携わり、成功や失敗を経験し、その分析もしています。かつそれらの業界の新鮮な情報をリアルに収集もしています。

だからこそ、**各企業に合った「最新の成功法則」を提案できる**のです。

(3)「即戦力」をリーズナブルな価格で獲得できる

コンサルタントは即戦力になります。

新卒採用であれば、まずは社員教育をしなければいけません。即戦力を期待して採用した中途採用者であっても、以前の会社とやり方が異なれば新卒社員同様、ゼロから教育しなければならないし、経験があるゆえやり方に不満を覚える人もいるかもしれません。

その点、コンサルタントは多くの分野での経験を、柔軟性をもって即戦力として発揮します。過去に不動産系企業のコンサルをした経験があり、また同じ業種の企業をコンサルするとしても、企業文化が違えば同じやり方は通用しません。

「コンサル3・0」はこのような法則をわかっています。だから、まずは企業文化を理解しようとします。そのうえで対応策を提案します。

コンサルタントは「即戦力の外部社員」のようなものです。

中小企業のコンサルタントには実務経験がある人も多いため、契約したその日からプロフェッショナルたちに頼れると考えて問題ありません。

前述したように、料金面でも幅が広がっている背景があります。

中小企業が大企業向けの「コンサル1・0」に億単位の費用を払うことはできませんし、そもそも何をどうすればいいのかわからないケースが多いため、専門系の「コンサル2・0」

に依頼すれば、依頼範囲は広くなり、必然的に費用は高額になってしまいます。

ですが、「コンサル3・0」の時代になり、安価でノウハウを提供するコンサルタントが増えています。私の会社もそうですが、そういった規模の会社のほとんどは、中小企業向けのコンサルティングサービスを提供しており、数十万円／月から始められます。

最初は安く抑え、コンサルが成功して売上が上がったら、徐々に金額を上げていくというシステムを取り入れているコンサル会社もあります。

問題を解決するために専門知識を持った社員を雇ったとしても毎月30万円程度の人件費はかかってきます。保険料などの手続きも必要になるし、使えなくても簡単に辞めさせることはできないし、逆にいつ辞めるかわからないリスクもともないます。

コンサルティング費用は、そういった社内で抱える人の問題（即戦力になるか、人件費はいくらかかるかなど）と比較して考えることで、具体的にイメージできるでしょう。

無理することなく、自社のサイズ感に見合った金額でサポートしてくれるコンサルタントを探してください。

consul 3.0

コンサルタント選びの4つのポイント

それでは、コンサルタントを選ぶ際のポイントを具体的に解説していきましょう。

インターネットで、「中小企業」「コンサルタント」などのワードで検索すれば、たくさんのコンサル会社がヒットすると思います。

無駄なお金や時間、労力を使わないためにも、アポイントを取る前に、きちんと情報をチェックしてください。

自社にマッチした「コンサル3・0」を選ぶためのポイントは、次ページから紹介する4点です。

■コンサルタント選びの４つの重要ポイント

	チェックポイント
(1) 経験と実績	●中小企業支援の具体的な成功事例数
	●クライアント企業の業種の多様性
	●クライアント企業からの推薦状や評価
(2) 専門性	●保有資格（中小企業診断士、ITコーディネーターなど）
	●業界団体での活動や講演実績
	●執筆した書籍や記事
(3) 費用対効果	●明確な料金体系
	●期待される成果の具体的な提示
	●段階的な契約オプションの有無
(4) コミュニケーション力	●初回相談での対応のていねいさ
	●専門用語をわかりやすく説明
	●定期的な報告・連絡・相談の姿勢

(1)経験と実績

過去にどれくらい、**どのような業種の中小企業をコンサルティングした経験があるかはとても重要**です。初回相談を依頼する前に、確認することをおすすめします。

当社のホームページにも掲載していますが、**「どのような会社を、どのようにサポートし、どう変わったのか」**、事例を紹介しているコンサル会社はたくさんあります。

内容を読めば、あなたの会社の問題を解決できそうかどうか、中小企業に寄り添ってくれそうかどうか、確認できると思います。課題の提案、指示をするだけでなく、実務も担ってくれる、つねに**伴走してくれるかどうかも大事なチェックポイント**です。

もし、ホームページに事例が掲載されていなければ資料を取り寄せる、もしくは初回相談料が無料ならアポイントをとってしまってもいいかもしれません。打ち合わせの際に客観的な資料を見せてもらいましょう。

(2)専門性

コンサルタントに依頼したい内容がある程度限定している場合は、前もって専門性の確認をしておきましょう。

(1)の過去の実績でも見極められると思いますが、**コンサルタントが有している資格をチェックするのもポイント**です。

(3)費用対効果

最初の相談に費用がかかるか、かからないか、かかるとしたらいくらなのかは、コンサル会社によって異なります。

弁護士に相談する際、「1時間1万円」などの料金がかかることを知っている人は多いのではないでしょうか？　相談によって出てくる解決策自体がすでに弁護士にとってのノウハウだからです。

これはコンサルタントも同じです。セッションそのものがノウハウなので、最初の相談時から料金が発生するケースも少なくありません。

初回の相談に費用がかかるかどうかはホームページに明記されていることが多いので、チェックしてみてください。初回の相談料が発生しても、契約することで実質無料になることもあります。明記がない場合は、お問い合わせメールなどで質問してみましょう。

実際のコンサル費用は、実施するプロジェクト内容によって異なりますが、**基準となる**

料金体系が明確になっているかどうかは重要です。初回相談の際に過去の事例などから、具体的な費用対効果を確認しましょう。

(4) コミュニケーション力

どんな仕事でもコミュニケーション力は大切ですが、企業文化の理解が必須な「コンサル3・0」にはより高度なコミュニケーション力が求められます。

初回相談を通して、**コンサルタントはあなたが理解できる言葉を使っててていねいに説明してくれているか、具体的に説明することが難しい悩みに対して、真意を汲み取り言語化してくれるかどうかなどを観察**してください。

これら4つのポイントをふまえて、次項からはさらに詳しく「コンサル3・0」選びの注意事項をご紹介していきます。

知り合いの紹介は失敗する確率が高い!?

知り合いの紹介でコンサルタントを選ぶ人は少なくありません。

社長であれば商工会議所や地域コミュニティ、経営者クラブなど、何かしらの集まりに参加されているのではないでしょうか。

そこで知り合った社長から紹介されたコンサルタントと契約してしまう人は意外に多いのです。身近な人が成功したのだから大丈夫という理由だけで信用してしまったり、つき合いでなんとなく決めてしまったりするのです。

このケースは失敗する確率が高いと断言します。

そもそも、社長が抱えている悩みや問題はさまざま。紹介してくれた社長の悩みは解決できたけれど、あなたの会社の問題も解決できるノウハウをコンサルタントが持っているかはわかりません。

にもかかわらず、曖昧な理由で契約をした結果、失敗したというケースを私は何件も見てきました。

もちろん、あなたの会社にもぴったりなコンサルタントである可能性もあります。重要なのは、**知り合いが成功したからとか、おつき合いだからという理由ではなく、コンサルタントの「これまでの経歴や実績」を依頼する前に確認する**ことです。

信頼できる人からの紹介だったとしても、前項の「コンサルタント選びの４つのポイント」をチェックすることをおすすめします。

契約を結んでしまったら、解約するにも時間がかかるし、無駄なお金＝コストも発生してしまいます。

期間限定でコンサルタントを導入するときの注意点

コンサルタントのホームページなどで「3か月で売上をアップします！」といったキャッチコピーを見かけることがあります。

あるいは、書籍などでも「60日で集客が倍に！」「90日で組織改革できる！」などのように、期間を区切って結果を出せることを謳《うた》うタイトルの本があったりもします。

期間限定を謳うコンサルタントについては「一定の条件」以外では、頼らないほうがいいと思います。

一定の条件とは**「課題（解決策）が明確かつ限定的」**というもの。

たとえば、あなたの会社がSNSを使った集客、それもFacebookやLINEなど、特定のツールを使った集客に悩んでいるなら、「60日でFacebookからの集客を2倍にする」というコンサルティングは効果があるかもしれません。

なぜなら、やることが明確であり、コンサルタントは得意分野で「その領域において成果を約束する」からです。それを裏づけるノウハウと経験を持っているはずです。問題と課題が絞られた領域内でマッチしている場合においては、期間限定で結果が出る可能性は高いかもしれません。

一方で、前提や領域が不明瞭なのに短期間で効果が出ると言われても、自社にとって有益なコンサルタントかどうかを推しはかることはできません。売上が上がらない理由は企業によってさまざまだからです。解決方法もかかる時間も異なり、3か月で結果が出るかどうかはわかりません。

期間限定とは、言うなれば極度の制限を設けるダイエットのようなものです。

「1か月、○○しか食べないダイエット」があったとします。実践したとしても体質や習慣によって効果は異なります。たとえ痩せたとしても、短期間での無理なダイエットは体を壊したり、食事を戻した途端にリバウンドしたりという結果になることは想像に難くないでしょう。

コンサルティングも同じです。

方法自体が間違っていて効果が出ないことも少なくありませんし、売上が上がったとしても無理な方法であれば社員は疲弊して離職が止まらないなど、会社にとってマイナスに働いてしまうこともあります。それでは本末転倒です。

問題によっては3か月や半年でどうにかなるものではありません。**一定の条件以外では「期間限定」を謳っているコンサルタントは避けたほうが賢明**です。

逆に時間はかかるけれど、長期的な利益につながる提案をしてくれるコンサルタントのほうが信頼できます。成果報酬型の契約では、短期的な利益追求に偏る可能性があるため、長期的な企業価値向上の視点も重要です。

確実に言えることは、ある程度の時間がかかるとしても、コンサルタントに依頼することで、社長が一人で抱え込むよりも数倍の速さで問題は解決できます。

consul 3.0

ストレスが激減するコンサル選びのポイントは スピード感

ホームページなどで情報を収集し、メールや申込フォーム、資料請求などで連絡をすると、コンサルタントから返事がきます。

このときに「どのくらいのスピード感なのか」を把握しましょう。

大企業であれば組織図が複雑で階層も多いので、稟議をあげたり決裁を待ったりするため、そもそも決定までに時間がかかります。ですから、コンサルタントのリアクションが多少遅くても、企業側のスピードと合っていることもあります。

しかし、中小企業の場合、スピード感は死活問題です。コンサルタントに依頼することを決意した段階で、あなたは早急な取り組みを考えていると思います。

契約前のやりとりで時間がかかるようなコンサル会社は避けることをおすすめします。

午前中に連絡をしたら、その日の夕方、午後に連絡したら、翌日の午前中など、半日から1日程度のスパンでリアクションがあるコンサルタントが望ましいです。

あなたが質問した内容がすぐに回答できないことであっても、「検討いたしますので、少々お時間をいただければ幸いです」など、前置きのリアクションがあるコンサルタントは合格と言っていいでしょう。

何度かメールのやりとりをして、レスポンスの速さを確認してみてください。

例として半日から1日というスピード感を挙げましたが、**大切なのは社長とコンサルタントの歩調が合うかどうか**です。

スピード感覚は人それぞれ異なると思いますが、少なくとも社長よりコンサルタントのほうが速いスピードであることは最低条件です。

そのようなコンサルタントであれば、実際に依頼したあともレスポンスによるストレスを感じずにプロジェクトを進めていけます。

consul 3.0

優秀なコンサルタントは社長の悩みを言語化してくれる

コンサルタントに相談するとき、多くの社長は自社の問題はわかっていても、課題（解決策）に関しては曖昧なことが多いと思います。

とくに、IT化、デジタル化の領域が絡んでくると、課題を明確に言語化できる人は少ないでしょう。序章のストーリーに登場したM社の社長もそうでした。

社長が〝言わんとしていること〟を汲み取り、**「つまり、こういうことを言いたい、したいんですよね？」と、具体的な言葉で返してくれるコンサルタントかどうかも重要ポイントです。**

コンサルタントによっては、相談内容を「具体的に」書いてメールなどで送ってくださいという人もいますが、これは選ばないほうがいいケースです。言語化・明文化できないから悩んでいるわけですし、だから相談しているわけです。

それを理解しているコンサルタントであれば、「具体的に書いてください」などとは言いません。その辺りは最初のメールのやりとりで確認できると思います。

そして、初回相談の際に、社長の頭のなかを汲み取って「こういうことをしたいんですね」と、的確に言語化してくれるコンサルタントであることを確認してください。

言語化能力の高いコンサルタントは間違いなく存在します。面倒くさがらずに**言語化能力の高いコンサルタントに出会うまで、いろいろなコンサルティング会社と相談を繰り返すことも、自社に合ったコンサルタントを見つけるコツ**です。

前述したように、最初の相談には費用がかからないコンサルティング会社もたくさんあります。たとえ「いいな」と感じたとしても、数社のコンサルタントと会って、比較してみることをおすすめします。

consul 3.0

企業文化への理解は必須

中小企業向けのコンサルタントの能力のなかで、私が最も重要だと思っているのが「企業文化への理解」です。

前章の「なぜ『コンサル1・0』は中小企業に向かないのか?」の項目でも書いたように、コンサルタントが企業の過去・現在・未来をしっかり把握しないことには、中小企業の問題は解決できません。

中小企業は少人数の組織体です。部署はあっても人間的なつながりが強いため、コンサルタントは企業のキーマンとなる人や問題になるような人をきちんと把握する必要があります。それが問題解決への近道だからです。

企業文化を理解しようとしているかどうかを見極めるためには、打ち合わせの際のコンサルタントからの質問に注目してみてください。

たとえば、**「企業理念」に関する質問や、「△■を担当している、○○さんってどんな人ですか?」など社員に関する質問が出るかがポイント**になります。

「社風的に、このやり方なら積極的に取り組んでもらえるかもしれない」

「何かを始めるときにはこの人から広げていくと進めやすいかもしれない」

このように、すでにコンサルタントの頭の中ではコンサルティングのイメージが描かれ始めています。つまり、あなたの会社を理解し、改革に向けてよりよく進めていこうとする姿勢があると推測できます。

consul 3.0

「共感性」と「切れ味」のバランス感覚を持っている

これ以降にお話するポイントは、実際にコンサルタントと契約し、一緒に仕事を進めてみないとわからない点かもしれませんが、ひとつのプロジェクトが終わったあとも継続的に依頼するかどうかの判断材料になります。

「コンサル3・0」は「寄り添うカウンセリングタイプ」とお伝えしましたが、別の言い方をすると「共感性が高い」ことを意味します。

企業が抱える問題をヒアリングし、共感しながら協調姿勢で進めるため、「コンサル1・0」や「コンサル2・0」のように、上から目線で「こうしてください」と言ってくることはありません。

ただ、社長としては自分の知らない情報や解決策を求めてコンサルタントに相談しているはずです。それに対していちいち「どうしますか?」と問われても、「それがわからないから相談しているんじゃないか」と思うかもしれません。

ですから、共感性が高いことに加えて「切れ味の良さ」を持っているかどうかも重要になります。

● **企業にとって大事なことや方向性は、逐一ヒアリングしながら解決策を提案する**
● **ときには「こうしましょう!」とズバッと言ってくれる**

このふたつのバランス感覚なしに、**なんでもかんでも委ねてくる、もしくは意見を押しつけてくるコンサルタントは、自社には合わない**と思って間違いありません。

もし、契約後に気になるようなら、別なコンサルタントを探すことをおすすめします。

consul 3.0

誠実なコンサルタントは「良いこと」も「悪いこと」も報告する

仕事をするうえで「誠実さ」はとても重要ですが、相手から誠実な印象を受けるひとつの基準として、上げてくる情報の精度があります。ようするに「報連相《ホウレンソウ》（報告・連絡・相談）」です。

何かのプロジェクトを任せた際に小まめに報連相をしてくる社員と、結果のみを報告してくる社員とでは、信頼度は変わりますよね。その点は外部のコンサルタントも同じです。「コンサル3・0」は、課題を提示するだけでなく、ときには社員と一緒になって問題解決に取り組みます。ですから、社員とミーティングをする機会も増えます。

その際に出た**情報は、きちんとレポートにしてトップに上げるのがコンサルの役割です**

が、独断で情報の重要度合いを判断してしまうコンサルもいます。

コンサルタントが独断で情報の重要度を判断することで、コンサルタントだけに正確な情報が集まってしまい、権限が集中してしまうことがあります。そうして、取引を優位に進めるように誘導するコンサルタントもいるかもしれません。

また、ふたを開けてみたら企業の進みたい方向と違っていた、というような想定外のトラブルを生み出す可能性もあるので注意してください。

なかには、自分の評価が下がることを気にして、悪い情報を上げないコンサルタントもいます。

良い情報も悪い情報もトップに報告するべきだと私は思います。**悪い情報を素早く正確に上げてくれるかどうかは、継続してコンサルティングを任せられるかどうかを判断するための重要ポイント**です。

コンサルタントは、あくまでも「トップから依頼を受けて、課題を提案し、そのプロジェクトを遂行する人」です。そこをきちんと理解しているコンサルタントを選ぶようにしましょう。

consul 3.0

24時間365日、クライアントに寄り添う「姿勢」が大事

コンサルタントは企業の問題や経営者の悩みを解決するのが仕事です。

そして、社長は基本的に休日も関係なく人と会ったり、打ち合わせをしたり、24時間仕事をしています。

ですから、いつ連絡をしても対応してくれるコンサルタント、それこそ「24時間365日」対応してくれるコンサルを選ぶべきです。

もちろん、これは比喩です。

コンサルタントも、企業という形をとっていれば労働時間を守らなければいけませんし、

たくさんの案件を抱えるなかで、すぐに対応できないことだってあります。

しかし、それくらいの意気込みで**「寄り添う姿勢」を持っているコンサルタントかどうかは重要**です。

たとえば、急に資料が必要になって作成依頼をしたときに、「今は無理です」という返答だけが返ってくるコンサルタントは論外です。

「すぐには無理ですけど、3日いただければ対応できますが、間に合いますか?」

「過去の資料のこの部分を差し替えれば対応できるのでは?」

など、**100%の対応は無理でも何かしらのアドバイスや代替案を提示してくれるコンサルタントがおすすめ**です。

困ったとき、すぐに連絡が取れるのに越したことはありませんが、24時間365日対応できるコンサルタントはさすがにいません。そのなかで、できるかぎりの対応をしてくれるコンサルタントであるかが大事なのです。

consul 3.0

社長はコンサルタントと「一緒に」会社を改革する意識を持つ

これまでコンサルタントの選び方をお伝えしてきました。

自社に合ったコンサルタントを選ぶことができれば、あなたの会社の問題の「半分」は解決できたと思って間違いありません。

あとの「半分」は、企業（社長）の「会社を変えたい」という気持ちの強さと、いかに社員が一丸となって問題解決に取り組めるかで変わります。

社長のなかには、「コンサルタントを導入すれば、必ず改革できる」と考えている方は少なくありません。この考え方は間違っていませんし、コンサルタントは改善するための方策を持っています。

しかし、「コンサルタントが言う通りに実行すれば、うまくいく」というものでもありません。**企業側がいかに、「自分ごと」として解決策に取り組めるかどうかもコンサルティングの成功を左右**します。

■社員に同じ方向を向かせる

コンサルタントを導入する際に、社内で反発が起こることがあります。

どんな組織でも新しいことをするときに難色を示す社員は一定数いるものです。「異分子」のコンサルタントが入ることで起きる社内の変化を嫌うのです。

このときに重要なのは、社長が社員の意思に振り回されないことです。

もし、「社員が反対しているし、コンサルの導入は再検討したほうがいいのだろうか?」と悩むのなら、

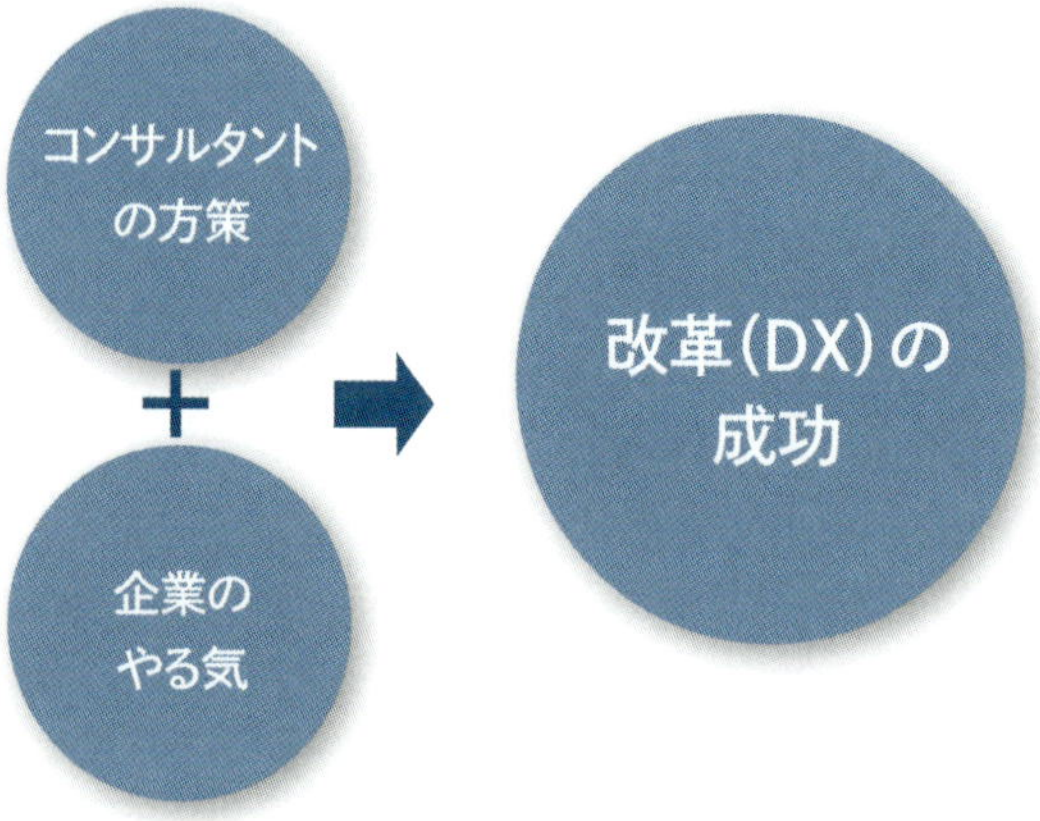

まだ導入すべき時期ではないのかもしれません。

社長がコンサルタントの力が必要と感じたなら、導入する前提で社員を納得させてください。

「会社をよりよくするためにコンサルタントに依頼した。コンサルタントと一緒に会社の改革に協力してほしい」と、きちんと社員に伝えましょう。

会社の改革は社長の決断からしか始まりません。

そのうえで、コンサルを成功させるポイントは、プロジェクトメンバーの選定です。

●前向きな人を中心にプロジェクトを進める

●変化を嫌う人をプロジェクトメンバーにする

新しいことにチャレンジすることが好きな社員を中心人物にすることで、プロジェクトはうまく回っていきます。

また、変化を嫌う人は非協力的だったり、足を引っ張ったりする可能性があるため、あえてプロジェクトに巻き込むことで「自分ごと」としてしまいます。

チームに引き入れても足を引っ張るのは同じではないかと思う人もいるかもしれませんが、「イケイケ」なノリだけでも、プロジェクトは成功しません。

地に足がついた行動や判断をするためには、反対意見も必要です。それによって、向かっている方向が間違っていないかどうかを、見つめ直すきっかけにもなるからです。

プロジェクトメンバー選定については第4章で説明しますが、**社員が一丸となって改革に取り組めるかどうかは、社長がいかに社員たちに関心を持っているかも重要**になってきます。

■粘り強くプロジェクトを実践する

繰り返しますが、コンサルタントを導入した「だけ」で、会社の経営がうまくいくわけではありません。

コンサルタントの知見を得ながら、山あり谷ありのなかで徐々に目標に近づくイメージでコンサルタントと一緒に歩んでください。

そうでないと、谷があったときに「コンサルタントに依頼して、言う通りに実践したけど失敗したから終了」となってしまい、お金と時間を無駄にする結果になってしまいます。

それでは双方にとって不幸だと私は思います。

企業側もコンサルタントと一緒に、粘り強くプロジェクトを実践する姿勢が必要です。二人三脚で目標に向かう考え方です。

序章のストーリーを読んでもらえばわかるように、**会社の問題を社員が「自分ごと」として受け止め、コンサルタントと一緒に改善する意識を持つことで、自立自走する社員が育ちます。**

最終的には、コンサルタントから解決方法を提案するのではなく、社員からの提案に対してコンサルタントがアドバイスするという関係性になれるのが、理想ではないでしょうか。

そのためにも、社長の「覚悟」が大切なのです。

中小企業は社長と社員の距離感が近いので、社長が本気で会社を変えたいと思えば、その想いは必ず社員に届きます。

中小企業にとって、今やコンサルタントは手の届かない超プロ人材ではなくなりました。

もっと身近で、もっとふつうの人間で、社員と同じようなかかわり方ができる存在になったのです。

企業が自社だけでは問題を解決できないように、コンサルタントも自分たちの知識や経験だけでは、あなたの会社の問題を100％解決することはできません。

専門家である以上、ときには「あえて、耳の痛いこと」を言うこともありますが、**お互いに「良いこと」も「悪いこと」も言い合える関係性をつくることで、コンサルタントはトラブルの芽を見つけてくれるし、社長の良きパートナー（右腕）として、あなたの会社に寄り添い続けてくれる**のです。

第3章

「コンサル3・0」の5つの力

CONSUL 3.0

中小企業のためのコンサルタントの特長は「問題解決型」

第2章で紹介したコンサル選びのポイントと重なる部分もありますが、改めて「コンサル3・0」の特長や能力を解説します。それらを知ることで、実際にどのようなことをしてくれるのか、自社にどんなメリットがあるのかをイメージしやすくなると思います。

「コンサル3・0」の大きな特長は「問題解決型」であるという点です。問題解決型とは次ページのようなものです。

「コンサル1・0」と「コンサル2・0」は、「解決策提示型」のコンサルタントです。

大企業の問題は規模が大きく、課題を特定・分析するだけでも数百ページにおよぶレポートを作成する必要があります。解決策の提示だけでも大仕事であり、企業にとってはそこ

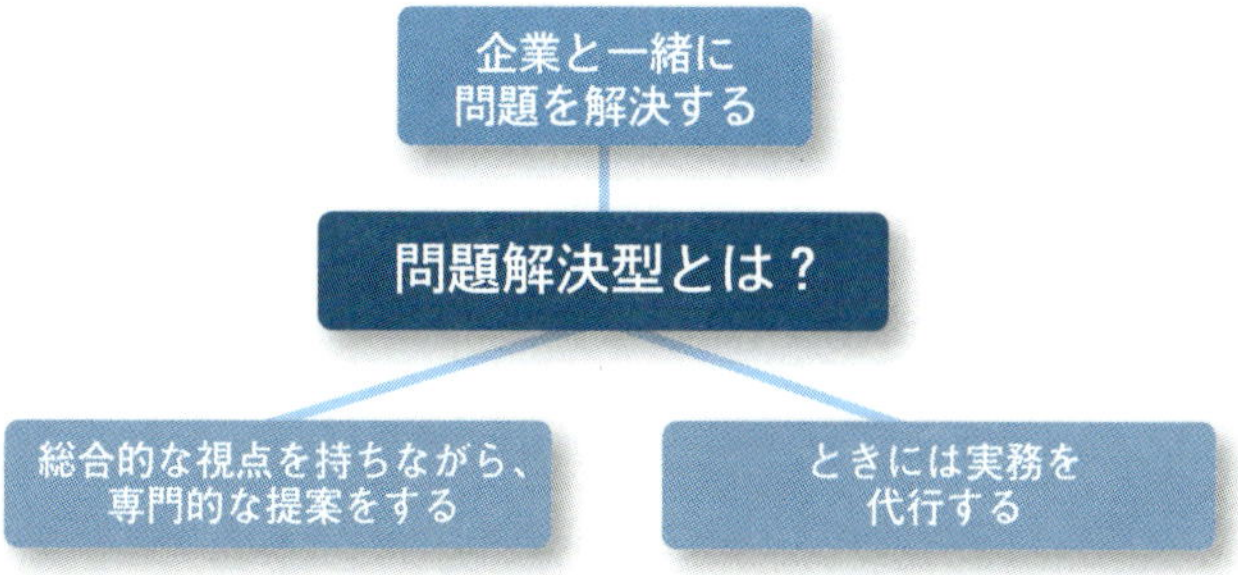
企業と一緒に
問題を解決する
問題解決型とは？
総合的な視点を持ちながら、
専門的な提案をする
ときには実務を
代行する

に価値があるのです。

企業の規模が大きければ大きいほど、一度スタートしてしまったプロジェクトの軌道修正は簡単にできません。そのため、「専門家によって裏づけされた」取り組みは安心材料になります。

一方、規模の小さい中小企業の場合、問題や課題が大企業ほど複雑ではないため、提案に留まらず、問題解決まで一緒に伴走してもらうことで、改革のスピードは速くなります。

システム開発の手法には、「ウォーターフォール型」と「アジャイル型」のふたつがあります。前者はあらかじめ決められた計画に基づいて開発が行われるため柔軟性が低く、後者は仮説・検証を繰り返しながら状況に合わせて開発するため柔軟性が高いという特徴があります。

中小企業におけるコンサルティングは後者の「アジャイル型」です。企業が抱える問題に対して、**コンサルタントは解**

決策を提案し、ときには実務も代行しながら、一緒に会社を立て直します。

行動ベースなので結果が出やすく、立てた仮説を素早く検証し、間違っていれば修正、正しければ推進できます。このようなスピード感は、小回りのきく「中小企業」と「コンサル3・0」のタッグだからこそ実現しやすいのです。

「問題解決型」の内容を見れば想像がつくと思いますが、実践するには前提としてコンサルタントの「企業文化への理解」は必須になります。

コンサルタントが企業の過去に思いを馳せ、企業の現状や働く人々の思いを知り、企業の明るい未来までイメージすることで、問題の解決策、解決までにかかる時間、成功の確率など、コンサルティングの質は変わってきます。

中小企業の場合、部分ではなく会社を生まれ変わらせるためのリブランディングが必要なケースは少なくありません。企業文化を理解してこそ、適切なリブランディングの提案が可能になります。

consul 3.0

「問題解決型」コンサルタントが持つ5つの力

次に問題を解決するために重要な「5つの力」について解説します。

■「コンサル3・0」の5つの力――持っている能力

(1)仮説力――課題を見つけ優先順位を決める能力
(2)展望力――長期利益にフォーカスする能力
(3)交通整理力――「今、何が必要か?」を見抜く能力
(4)リサーチ&分析力――社長の意思決定をスムーズにする能力
(5)テクノロジー適正化力――DXを推進する能力

5つの能力は、「コンサル3・0」に不可欠なものであり、これらが備わっているからこそ中小企業の伴走者になれるのです

(1)課題を見つけ優先順位を決める「仮説力」

問題に対する課題を見つけることから、コンサルティングは始まります。

課題とは「問題を解決するための取り組み（方策）」であり、まずは「これが原因ではないか？」と仮説を立てることで課題が見えてきます。

仮説力とは、まさに問題に対して仮の答えを導き出す力です。ひとつの問題に対して、課題・原因はひとつとはかぎりません。

「商品が売れない」という問題があったとしても、原因は商品の価値が消費者に伝わっていない、ターゲット層に相違があるなど、マーケティング方法が間違っているのかもしれないし、そもそも時代に合っていないなど、商品自体に魅力がないのかもしれません。

しかし、大企業に比べて経営リソースが少ない中小企業では、複数ある原因をひとつひとつ潰していく余裕はありません。

そのなかで「これ」と思われるものを特定し、最も効く特効薬を処方していかなければ

いけません。**闇雲に課題に手をつけるのではなく、優先順位を決める。これも「仮説力」のひとつ**です。

(2)長期利益にフォーカスする「展望力」

多くの社長は、コンサルタントに対して「短期間で結果を出してほしい」と思っているのではないでしょうか。

ただ、問題に対する課題・原因はひとつではなく、つながっていたり、複雑に絡み合ったりしています。そのため、西洋医学的な「対処療法」ではなく、東洋医学的な「根本治療」が必要なケースが少なくありません。

スポット的な問題であれば、「対処療法」で3か月程度の短期間で解決することもあるでしょう。短期利益は予想しやすく、結果も出やすいかもしれません。しかし、一時的なものであることが多く、また問題がぶり返すことはよくあります。

一方、根本から会社を改善するためには時間がかかります。つまり、長期プロジェクトになるのは必然です。だからこそ「コンサル3・0」は、短期利益よりも長期利益にフォーカスする力のほうが重要になります。

長期利益にフォーカスするのは、簡単なことではありません。企業の未来を見据えて、そこにたどり着くための緻密な計画が必要になるし、軌道修正しながらの伴走も必要になります。

「展望力」とは、時間をかけて継続的な治療を行う能力であり、企業がよい状態を維持できるようにサポートする力なのです。ここでもキーになるのは「企業文化への理解」です。

(3)「今、何が必要か?」を見抜く「交通整理力」

「コンサル3・0」は、幅広い知識と新鮮な情報を得るために、つねにアンテナを張っています。これまでの経験と知識に、新鮮で多様な最新情報を加味しながら、「この企業には、今、何が必要なのか?」を推測します。

ITツールやSNSの機能は日々変化しています。

「この企業の、この商品には、このSNSの、この機能を使うことで、効果的なPRができる」

「この企業の、この業務には、この最先端のAIを使うことで、人員を増やさなくても代行できる」

など、各企業の武器になる情報を的確に判断します。

「最新情報」×「経験と知識」を持っているからこそできる「交通整理力」です。

この能力は(1)で説明した「優先順位を決める」際にも必要ですが、何よりも第5章でお伝えするリブランディングにおいて重要になります。

企業が「残すべきもの」と「捨てるもの」を見極め、ときにはMVVから見直す必要もあります。複雑に絡み合った課題を整理し、わかりやすく整えなければリブランディングはできません。

コンサルタントは、仮説を立て、交通整理をするために、社長はもちろん、社員一人ひとりにもインタビューをすることがあります。社員たちの生の声によって、進むべき道が見えてくることは多々あるからです。

「こういう考え方で、こういうコンセプトで、こういう商品・サービスを提供しています」という話を聞くことで、企業の思いと顧客が求めているニーズの「ズレ」を発見することもあります。このような「ズレ」は、客観的な立場でないと気づきにくいものです。

そういう意味でも、交通整理力は「外部の人間」であるコンサルタントだからこそ必要な能力と言えます。

⑷社長の意思決定をスムーズにする「リサーチ&分析力」

競合他社の調査や自社商品の売れ行きの確認など、健全な事業を行うためにはリサーチや分析は欠かせません。

その際、ITツールの活用は必須ですが、適切に運用できないと精度の高い情報を素早く集めることはできません。

⑶でもお話したように、「コンサル3・0」は、新鮮な情報を得るためにつねにアンテナを張っているので、次のような情報・データを企業に提供します。

- Webサイトのアクセス解析
- Googleトレンドでどのようなキーワードがどれだけ検索されているかの分析
- 他社のWebサイトの分析と自社との違いの発見
- AIを活用した出典つきの調査資料
- SNSのトレンドやアクセスが多いショート動画、動画メディアの記事

コンサルタントから提案された課題に対して、「なぜそれが必要なのか?」を客観的か

つ具体的なデータとして知ることで、実行するためのモチベーションにつながります。

また、**コンサルタントの「リサーチ&分析力」は、社長が意思決定するための後押しになると同時に、社員が一丸となって会社を立て直すための説得材料にもなる**のです。

⑸DXを推進する「テクノロジー適正化力」

今の時代、ITツールを使わずに事業の最適化は不可能です。それを知っているコンサルタントは、最新ITツールに精通しています。

ITの世界は日進月歩です。あなたがこの本を読んでいる、この瞬間にも新しい技術やITツールが開発され、発売されています。AI系のツールは毎週のように新しいものが発表されるくらいのスピード感なのです。

コンサルタントはそれらのトレンドに敏感で、学習意欲も高く、日々のチェックを怠りません。

チェックのみならず、自身（自社）で利用して、その使い心地を試すこともあります。

さらには、他のツールと組み合わせることで、より使い勝手がよくなるようにカスタマイズしたりもするのです。

私が自社でカスタマイズした例をご紹介しましょう。

序章にも出てきた「Google Workspace」の機能のひとつ「Google Meet」は本来、ビデオ会議用のツールであり、音声通話やビデオ通話で会議ができるのはもちろん、会議の際に画面を共有して参加者全員で資料を見ることができたり、会議を録音したりできる機能もついています。

これだけでも、十分に使い勝手はいいのですが、録音できるだけでなく、文字化してくれたら、より便利になると考えました。

そこで、「Google Meet」と、動画撮影機能や文字起こし機能がついた「tl;dv」を連携させてみたところ、音声の文字化に成功したのです。しかも、発言者ごとに文字を分けてくれるので、かなり高い精度で文字起こしをすることができます。

これまでは、スタッフが文字起こしをしてから議事録を作成していたのですが、文字起こしはITツールがしてくれるので、担当者は体裁を整えるだけ。半分以下の労力で議事録を作成できるようになりました。

前述しましたが、AIには広く知られている「chat GPT」の他にも、「Gemini」や「Claude」など複数のツールがあります。

チャット形式でリアルタイムに顧客対応してくれるチャットボット系や、テキスト指示で画像を生成、Ｗｅｂデザインをしてくれるなど、機能を理解し使い分けることで、業務効率は格段にアップします。

このように、まずはコンサルタント自身が活用することで、ＩＴツールの良し悪しや使い方を検証しています。

コンサルタントがあなたの会社に合った「ITツールの適正化」をしてくれるので、ITツールを選び、担当者が試し、適切と判断したら全社員に広める、という手順を大幅に省くことができます。

社員たちは使い方をマスターするだけです。もちろん、使い方もコンサルタントが教えてくれます。

企業に合ったＩＴツールの提案は、業務の効率化、生産性のアップ、ＤＸの推進など、会社の立て直しに大きく寄与します。

「コンサル3・0」は町医者のようなもの

私は「コンサル3・0」は、「町医者」のようなものだと思っています。「かかりつけ医」と言い換えてもいいかもしれません。

朝起きたら体がだるく、今日は調子が悪いなと感じたとします。そんなとき、いきなり大学病院へ行くか、とりあえずかかりつけのお医者さんのところへ行くかを問われれば、多くの場合、後者だと思います。

頭が痛い、お腹が痛いといっても〝病名のつかない症状〟は多いものです。何が原因なのか不明なのに、いきなり大学病院に行っても、どの科を受診すればいいのかわかりません。

町医者に症状を診てもらった結果、必要であれば適切な科に紹介状を書いてもらい、大学病院へ行くのが一般的な流れだと思います。

「コンサル1・0」や「コンサル2・0」は「大学病院」のようなものです。

大企業の場合、総務部、人事部、法務部、経理部、情報システム部、技術部、営業部など、社内にさまざまな専門の部署が存在します。

社員は部署の情報を熟知しているため問題点を推測しやすく、専門的なコンサルタントを自ら選別することができます。人事部なら「人事コンサルタント」、経理部なら「財務コンサルタント」、「情報システム部なら「ITコンサルタント」などです。

つまり、大企業は直接、大学病院（「コンサル1・0」や「コンサル2・0」）に行って、適切な科で、適切な治療を受けることができます。

しかし、中小企業には専門部署がないことが多く、総務部が人事・法務・情報システムまで兼任していることもよくあります。

そのため、問題を特定しにくかったり、たとえ問題を推測できても課題の検討がつかなかったりと、〝病名のつかない症状〟ばかりです。

町医者が生活習慣改善の相談にのり、根本治療をしてくれるように、「コンサル3・0」は、〝病名のつかない症状〟を言語化してくれ、本当の意味での会社の立て直しに協力してくれます。

企業に寄り添い、複雑に絡み合う問題や課題の解決策についてアドバイスしてくれるでしょう。

だからこそ、何でも聞いてくれる町医者的な「コンサル3・0」に気軽に相談してほしいのです。

第4章

コンサルタントを導入する7つのステップ

CONSUL 3.0

consul 3.0

コンサルタント導入の7つのステップ

本章では、企業がコンサルタントを導入する際の大まかな手順を解説していきます。

コンサルティング会社によって多少の違いはありますが、大枠は同じような流れになると思います。

第2章で説明したように、コンサルティング会社のホームページなどを見て、前情報を得てからステップに入ってください。

「導入ステップ」は次の7つです。

■コンサル導入の７つのステップ

ステップ1	新規の問い合わせ・事前相談
↓	
ステップ2	解決策の提案・打ち合わせ
↓	
ステップ3	契約・プロジェクトの合意・チーム編成
↓	
ステップ4	キックオフミーティング
↓	
ステップ5	プロジェクトの実施・定期ミーティング
↓	
ステップ6	成果の確認・プロジェクトの完了／継続の決定
↓	
ステップ7	コンサル契約の継続／終了の決定

【ステップ1】新規の問い合わせ・事前相談

①コンサルタントへ問い合わせをする

ホームページのお問い合わせフォーム（相談申込や資料請求など）やメールなどで、コンサルタントに連絡をします。

②コンサルタントから連絡がくる

あなたが書いたお問い合わせ内容への返事や、事前相談のためのアポイントメントがあります。

問題に対する資料や客観的なデータがあれば、準備しておきましょう。事前相談から精度の高い話ができます。

③事前相談

事前相談（ヒアリング）の時間は30〜60分というのが一般的です。

事前相談では、悩みごとを聞かれます。

「人材募集に応募がこない」

「売上が伸び悩んでいる」

「離職率を下げたい」

「業務を効率化したい」

など、あなたが改善したい問題を伝えてください。

うまく説明できなくても大丈夫です。コンサルタントは慣れているので、上手に話を引き出してくれるし、言いたいことを言語化してくれます。

④事前相談後の注意点

●解決策の提案を依頼する場合
資料やデータの提出を求められます。書類のやりとりは、クラウドサービスやギガファイル便などのファイル転送サービスが使われることが多いですが、やりやすい方法を提示しましょう。

また、必ずＮＤＡ（秘密保持契約）を締結してください。資料やデータを送るのは、ＮＤＡ締結後にしましょう。

この段階ではまだコンサル業務の契約は結びません。契約の締結を求められても、一旦契約書を持ち帰って内容を吟味してください。

●コンサルタントと合わないと感じた場合

性格的な相性は必ずあります。また、第2章で紹介したコンサルを選ぶ際のポイントとズレていると感じたら、次のステップに進むのは見送りましょう。

【ステップ2】解決策の提案・打ち合わせ

①解決策の提案

事前相談の内容やあなたが送った資料・データをもとに、コンサルタントから解決策の提案があります。この時点では、簡単なものです。

打ち合わせの前にメールなどで送ってもらえる場合は、事前に目を通しておきましょう。

②打ち合わせ

簡単な解決策案をベースに打ち合わせを行います。

より具体的な解決策を探るため、コンサルタントからは事前相談のとき以上に詳細な会社情報を聞かれます。**適切なプロジェクト案を作成するためのヒアリングなので、正確な情報、あなたの思っていることを正直に伝えて**ください。

やりとりのなかで、第2章のコンサル選びのポイントである「あなたの悩みの言語化」や「企業文化への理解力」などもチェックしましょう。

また、このタイミングで見積書（概算）も提出されるので、合わせて検討材料にしてください。

③打ち合わせ後の注意点

依頼する内容を決定した場合、次のステップで打ち合わせをふまえた、詳細なプロジェクトの企画書が上がってきます。伝え忘れたことがあったら、メールなどでやりとりをして、企画書に反映してもらいましょう。

気になる点は、契約前にきちんと質問してクリアにしてください。「よくわからない部分もあるけど、まあいいか」と適当に進めると、必ずどこかでひずみが生じます。必要であれば、メールなど文章でのやりとりではなく、もう一度、打ち合わせの場を設けてもらいましょう。その際には費用が発生する可能性があるので確認が必要です。依頼しない判断をした場合は、この時点で終了です。

【ステップ3】契約・プロジェクトの合意・チーム編成

①業務契約を結ぶ

プロジェクトがスタートする前に業務契約を結びます。契約書はメールなどで送ってもらい、事前にしっかりチェックしておきましょう。

②プロジェクトの合意

ステップ2のヒアリングや、その後のメールなどでのやりとりを受けて、コンサルタントは詳細なプロジェクトの企画書をつくってきます。もし、プロジェクト内容に疑問がある場合は、ここですり合わせをします。「納得できないけど、プロが言うんだから」などと思う必要はありません。疑問に対して、コンサルは誠実に答えてくれるはずです。

細かい部分は進めていくなかで変更することは多々ありますが、大枠に問題がなければ、プロジェクトに見合ったチーム編成を行います。

③プロジェクトチームの編成

コンサルタント側は、すでにプロジェクトに沿ったメンバーを選定していると思うので、どういった人が自社の改革に携わってくれるのか、きちんと確認しましょう。

企業側のメンバーについては、「この社員を参加させたい」という意向があれば、どんどんコンサルタントに提案してください。

すると、コンサルタントは「どんな方ですか?」と、社員の個性を聞いてくるはずです。選定した理由をきちんと説明しましょう。

選定ができなくても問題ありません。コンサルタントは企業の組織図を知るために、「どういう部署があるのか」「そのなかで、いつも率先して仕事をするのは誰か」などを質問してきます。そうして、コンサルタントがプロジェクトに合ったチームメンバーの選定をしてくれます。

正しいチーム編成は、プロジェクトの成功に大きく影響します。選定の前に、コンサルタントに社員たちの仕事ぶりを見てもらう、人数が少ない会社なら社員一人ひとりと個別面談をしてもらうのもいいかもしれません。

こういった提案はコンサルタント側から出てくることもありますが、社長自らが積極的に提案することで、プロジェクトの成功率は上がります。

④「旗振りは社長が行う」意識が重要

肝心なのは「旗振りは社長が行う」ということです。

コンサルタントは社長の「こういうことをしたい」をヒアリングしたうえで、どの部署、どの社員を中心にプロジェクトを進めるとやりやすいかを検討します。

社長がプロジェクトメンバーに「権限を預けるからコンサルタントと一緒に会社を改革

してほしい」ときちんと告げるだけで、プロジェクトはスムーズに進みます。

また、プロジェクトを進めるにはお金がかかります。とくにＩＴ化については、それなりの投資が必要です。

そんなとき、社長が資金をしぶれば、社員の士気は下がります。「資金については自分がコンサルタントとやりとりをするから、基本的にコンサルタントからの提案を受け入れて進めてくれ」などと言うことで、社員は責任を持ってプロジェクトに邁進できます。

個々の社員が役割をまっとうし、プロジェクトを成功に導くために大切なことは、社長のリーダーシップなのです。

【ステップ４】キックオフミーティング

①顔合わせと認識のすり合わせ

チーム編成が完了したら、キックオフミーティングを行います。

企業、コンサルタント双方のプロジェクトメンバーが一堂に会して顔合わせをします。自己紹介はもちろん、各メンバーの役割の説明や、どんな取り組みをしていくのか、情報の共有、認識のすり合わせなどを行います。

実作業は社員に任せるとしても、キックオフミーティングには社長も参加しましょう。コンサルタントを前に社員が緊張してしまう可能性があります。

「コンサル3・0」はフレンドリーなタイプが多いので、社員の緊張をほぐす対応をしてくれると思いますが、**社長自らが橋渡しになることで、社員とコンサルタントも信頼関係を築きやすくなります。**

②キックオフミーティングの注意点

すでにオンライン会議も一般化してはいますが、キックオフミーティングはオフラインで行うことをおすすめします。

私の経験上、対面で顔を合わせることで、お互いに親近感がわき、チームの歯車が噛み合いやすくなります。

【ステップ5】プロジェクトの実施・定期ミーティング

①スタート時は長時間のコンサルが必須

いよいよプロジェクトのスタートです。

ステップのボリュームゾーンとして、最も期間が長く大変なのがステップ5です。ひとつのプロジェクトで半年～1年ほどかかることもよくあります。

コンサルタントやプロジェクト内容によって期間や進め方は異なります。ここではリブランディングを例に説明します。

リブランディングの場合、最初の3か月はかなり密なやりとりをします。「ミッション・ビジョン・バリュー（MVV）」の見直しや、商品コンセプトのつくり直しなど、会社の根幹となる重要な部分なので、しっかりと話し合います。

場合によっては、「1日8時間／月2回／3か月」というケースもあります。この段階は社長の参加が必須なので、時間を確保してください。

②プロジェクト管理ツールを活用する

効果的なプロジェクト管理のために、多くのコンサルタントは「Notion」「Trello」「Asana」「Microsoft Project」など、クラウドベースのプロジェクト管理ツールを活用しています。

これらのツールを活用することで、タスクの進捗状況をリアルタイムで共有し、期限管理や資源配分を最適化することができます。また、**プロジェクトの透明性が高まり、問題の早期発見と迅速な対応が可能**になります。

ＩＴ化が進んでいない企業の場合、プロジェクトが始まる前に、まずは管理ツールの使い方、見方をしっかりレクチャーしてもらう必要があるでしょう。

③コンサルタントはさまざまな方法で社員に伴走する

ＭＶＶや商品コンセプトが決まったら、それに沿って必要な改革を進めていきます。序章でも紹介したように、「Google Workspace」などのＩＴツールを導入することで問題解決につながる場合、コンサルタントは使い方の研修をした後、実際に現場で活用できるまでサポートします。

ホームページのリニューアルが必要な場合は、制作自体は請け負ったとしても、その後の管理やブログの更新などは社内でできるように研修、サポートします。

採用で困っているのであればＷｅｂサイトをつくり直したり、ＳＮＳを運用してこれまでとは違う採用ターゲットにプロモーションしたりするなど、解決に必要な提案をしていきます。

Ｗｅｂ広告やＳＮＳ発信の効果的なやり方や、人を雇わずに「仮想人員」を確保するためのＡＩツールの提案、研修などを行うこともあります。

このように、**ＩＴ化によって問題が解決するケースが大半であり、さらには解決のスピードはアップ**します。

月／1〜2回、1回／1時間〜1時間30分程度の定例ミーティングを行いながら、必要に応じて、コンサルタントは個々のメンバーと細かなやりとりを繰り返します。

順調ならそのまま見守り、軌道修正が必要なら新たな提案をして、問題を解決していきます。

④**社長が注意しなければならないこと**

会社の規模によっては、打ち合わせのすべてに社長が同席するケースもありますが、実作業に入ったら、担当者とコンサルタントに任せることが増えていきます。

その際にも、**逐一情報を上げるように、コンサルタントと社員に念押ししてください。**任せっきりにすると、失敗の確率が高くなります。

【ステップ6】成果の確認・プロジェクトの完了／継続の決定

①**プロジェクトの成果を確認する**

プロジェクトが終盤に差しかかったら、最初に決めていた目標に対してどのくらいの成果が出ているかを確認します。

思うような成果につながらなかった場合は、社長も含めたプロジェクトチーム全員で、その理由を分析します。

方向性自体が間違っていたのか、間違ってはいないけれどもう少し時間が必要なのか、などによってプロジェクトの完了・継続を決定します。

②継続する場合に社長が気をつけること

定期的に行っている打ち合わせで、**コンサルタントばかりが意見を出していなかったか、もしくは社員の意見よりコンサルタントの意見が多く採用されていなかったかを確認**してください。

あまりにもコンサルタントの発言力が強い場合、社員はやらされているという気持ちが強くなったり、やる気をなくしてパフォーマンスが発揮できなくなったりします。それでは当然、成果には結びつきません。

継続する場合は、そういったこともクリアにしておかないと、また同じことの繰り返しになってしまうので注意しましょう。

【ステップ7】コンサル契約の継続／終了の決定

①契約の継続・終了のポイント

「ＳＮＳを起ち上げて運用し、フォロワー１万人を目指す」のように、目的が「フォロワー数」など明確なゴールがある場合、達成した時点でプロジェクトは完了します。

ですが、プロジェクトを進めるなかで、よりよくするための課題を発見したり、別な問題が見つかったりすることは多々あります。

コンサルタントは発見した時点で社長に報告や改善策の提案をします。そして、新たなプロジェクトがスタートすることはよくあることです。序章で紹介したM社のように、いくつものプロジェクトを並行して行うことも少なくありません。

また、ＩＴツールを導入した場合、機能拡張が必要になる、保守・点検など企業内で管理ができないこともあります。

「SaaS（Software as a Service：サーズ／クラウドサービス）型の勤怠管理システムを導入したけど、教えてもらったこと以外でもこんな使い方はできないか？」

「新入社員のドメインを設定したいけど社内にできる人がいない」

「ホームページが突然ダウンした。サーバのことは自社で管理できない」

「顧客管理システムの仕様がわからず修正できない」


プロジェクトチームが解散したあとも、こういった際の相談相手として、アドバイザーを一人だけ残して、コンサルタント契約を継続することもできます。

費用対効果は投資額の10倍になることも

新たなプロジェクトをスタートする場合はもちろん、アドバイザー的な契約をする場合も別途費用はかかります。

コンサルタントのアドバイスや部分的な改善で会社が好転するならいいのですが、大きく改革する必要があるなら、長期戦は覚悟しなければなりません。プロジェクトの規模は大きくなり、結果が出るまでにそれなりの時間がかかることから、コストは慎重に検討する必要があります。

コンサルティング費用は、プロジェクトの内容・規模・期間、実務の有無やコンサルタントの経験値などで変わります。

「コンサル3・0」でも、ひとつのプロジェクトで数百万円の費用がかかることもありますし、長期プロジェクト（6か月以上）になれば、実施する内容によっては数千万円かかることだってあります。

この数字を見て「高額な費用を払って、本当に効果があるのだろうか？」と躊躇してしまう経営者は多いでしょう。

参考に、私がコンサルティングを請け負った、年商10億円のA社（製造業）を例に費用対効果をご紹介します。

A社からは生産性の向上とDX推進を目的にコンサルティングの依頼を受け、6か月のプロジェクトを提案。かかった費用は600万円でした。

ご覧のとおり、プロジェクト開始から1年後には、A社の売上ならびに利益率は前年比を大きく上回りました。単純計算では、投資額（費用）の10倍以上のリターンを得たことに

■A社プロジェクトの費用対効果

内　容	生産性の向上、DX推進
期間	6か月
費　用	1か月100万円×6か月＝600万円
効果（1年後）	●売上前年比120％（＋2億円） ●利益率前年比150％（＋1億円）
費用対効果	コンサル投資額の10倍以上のリターン

なります。

A社のような劇的な成果を得るには、**適切なコンサルタントを選び、コンサルタントからの提案を効果的に実行する必要があります。それができれば、多くの企業は投資に見合う、あるいはそれ以上の価値を得ることができる**のです。

ちなみに、投資回収期間については、一般的に以下のような目安があります。

- **短期的効果**（3～6か月）……業務の効率化、コスト削減　など
- **中期的効果**（6か月～1年）…売上増加、新規顧客の獲得　など
- **長期的効果**（1年以上）………新規事業の開発、ブランド力の向上　など

コンサルタントが提示したプロジェクトの期間は妥当なのか、効果が出ない場合、プロジェクトを続けるべきか、などを検討する際の目安にしてください。

consul 3.0

費用対効果は目に見える数字だけではない

コンサルティングの導入は、売上や利益率の向上だけではなく、コスト削減の手段として捉えることもできます。

たとえば、コンサルのアドバイスによって失敗しそうな投資を事前に回避できれば、それだけで大きな損失を防ぐことができます。ある企業では、年間２０００万円の無駄な投資を回避できたそうです。

その他にも、適切な人材配置による生産性向上や、効果的なマーケティング戦略による広告費削減なども、大きなコスト削減につながります。

定量的な成果は、最も費用対効果を実感できる基準かもしれませんが、コンサルティングの効果は、目に見える数字だけではありません。次のような、定性的な成果を見ることも重要です。

- **●経営者の視野拡大と意思決定力の向上**
- **●社員のモチベーション向上と組織文化の改善**
- **●業界内での評判や信頼性の向上**
- **●将来のリスクに対する耐性の強化**

費用の多寡だけでなく、それによってもたらされる総合的な価値が、あなたの企業の未来への投資となるのです。コンサル導入は長期的に見ることで、企業の持続的な成長と安定に大きく貢献します。

consul 3.0

アドバイザーとして低予算でコンサルタントを活用する

私は**「組織の外部に拡張した専門の機能」を持っておくことは大切**だと思っています。ステップ7で説明したように、ＩＴ化が進めば物理的に社内で対応できないことが出てきます。また、第1章でもお話ししましたが、中小企業の社長には気軽に「相談できる相手」が必要というのも理由のひとつです。

コンサルタントによってさまざまですが、アドバイザー的な契約であれば、月10〜15万円程度の低予算からスタートすることも可能です。まずは相談して、問題に対する仮説を立ててもらうだけでも、進むべき方向性が見えてきます。

部分的にコンサルティングをしてもらい、効果を実感できたら徐々にサポートの範囲を

広げていくこともできます。

それにともない費用は上がっていきますが、問題解決によって業績が上がれば、コンサルティングにかけられるコストも上げられるはずです。コンサルタントに支払う費用を「必要経費」として考えられるようになると思います。

繰り返すように、**会社の立て直しには時間がかかります。継続できる、無理のない予算で依頼することは、コンサル導入の絶対条件**です。

そうして、次のようなコンサルタントと出会うことができれば、変化の激しい時代でも、あなたの会社は柔軟にマイナーチェンジを繰り返しながら生き残っていけます。

- 会社の事情を理解してくれているコンサルタント
- 会社をよりよくするための提案や最新情報を逐次提供してくれるコンサルタント
- 困ったときには何でも相談にのってくれるコンサルタント
- ときには実務作業までしてくれるコンサルタント
- 絶対に辞めないプロフェッショナルなコンサルタント

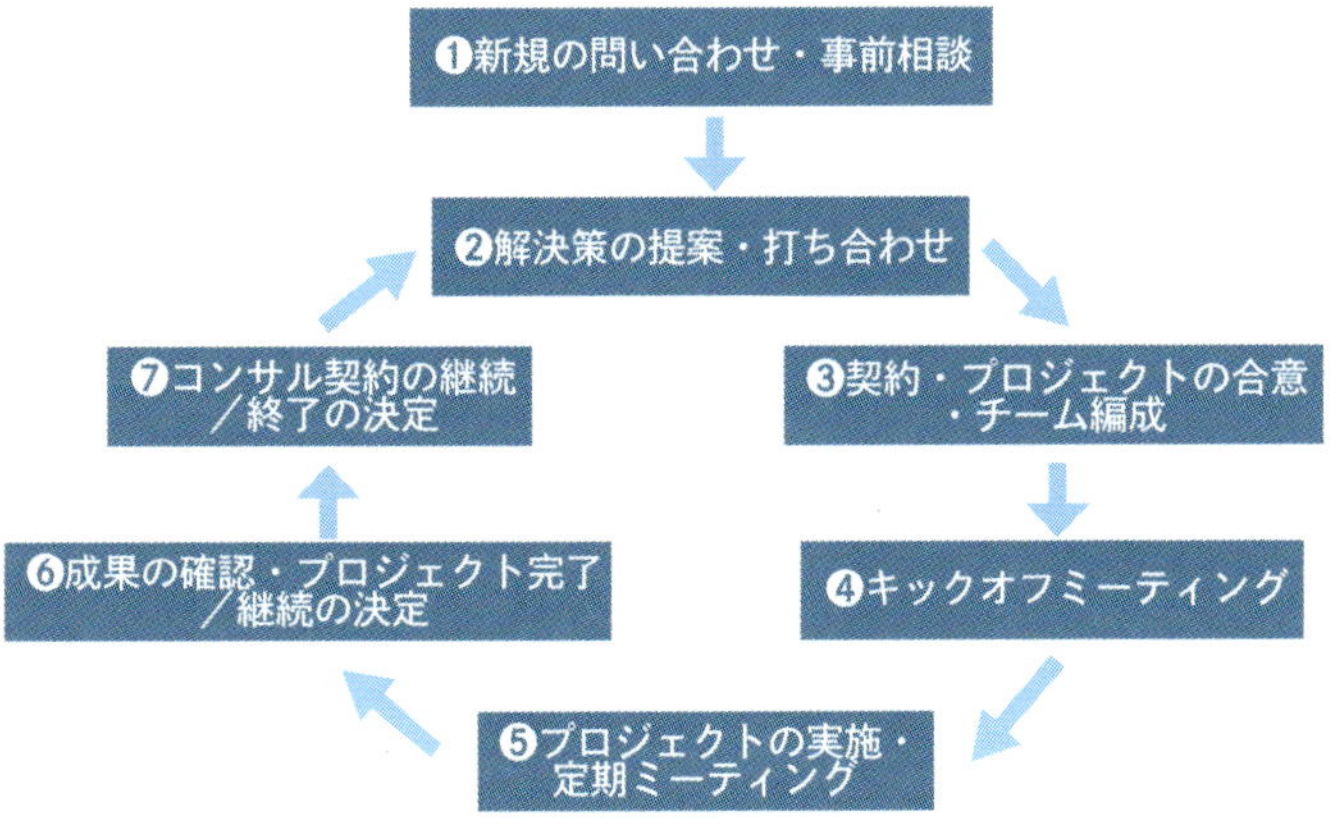

■コンサルタントを導入する７つのステップ

信頼できると感じたコンサルタントなら、プロジェクトが終了しても、「相談相手」としてぜひ契約を継続してみてください。

そうすると、ここまでお伝えした7つのステップは、2〜7でループしていきます。新たな問題が発生したら、2に戻ってグルグルと循環できるようになっていきます。

あなたの**会社を熟知しているコンサルタントなら、新しい問題に対しても適切な課題を素早く導き出してくれる**はずです。そして、解決するまで根気強く伴走してくれます。

コンサルタントを上手に活用し、ステップの循環を重ねるたびに、あなたの会社はどんどん進化していくことでしょう。

第5章

中小企業はリブランディングで生まれ変わる

CONSUL 3.0

なぜすべての中小企業に「リブランディング」が必要なのか?

コンサルタントに何をしてほしいか、それは各企業が抱えている問題によって異なります。しかし、私の経験上、部分的な依頼からスタートしても、結局は全体的な改善が必要なケースは少なくありません。

その方法が「リブランディング」です。

しかし、『2022年版 中小企業白書』によると、ブランドの構築、維持に取り組んでいると回答した企業は約3分の1にとどまっています。

一方で、取り組んでいると答えた企業の売上総利益率の水準が上がっていることも示されています。まさにリブランディングの重要性を証明しているデータと言えるでしょう。

■リブランディングとは？

そもそも、「リブランディング」とは何だと思いますか。

「ブランディング」に「RE《リ》」をつけた言葉というのは想像できると思いますので、ブランディングを再構築する「再ブランディング」をイメージする人は多いかもしれません。

間違ってはいませんが、少しニュアンスは違います。

企業がすでに持っている
最大の「魅力」（会社らしい部分）に
フォーカスして、それを磨く

これがリブランディングであり、リブランディングによって「必要なもの（残すもの）」と「捨てるもの」を見極めていきます。

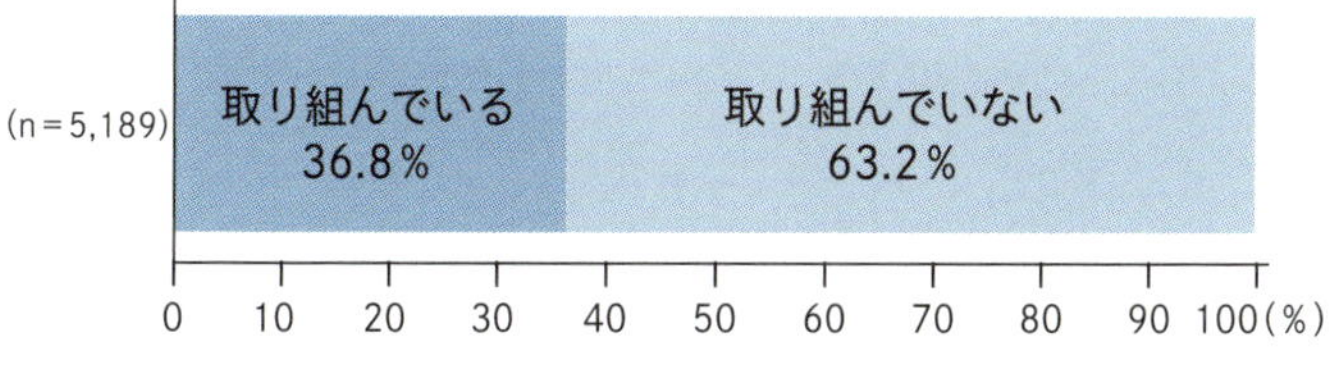

■中小企業のブランディングの取組状況

出典：『2022年版　中小企業白書』中小企業庁、2023年

■リブランディングなしにVUCA時代は生き残れない

社会の状況は刻一刻と変化しています。とくに現代は、「VUCA（ブーカ）時代」と言われています。

VUCAとは、「Volatility（変動性）」「Uncertainty（不確実性）」「Complexity（複雑性）」「Ambiguity（曖昧性）」の頭文字をとった言葉です。

複雑かつ曖昧なことが多いうえに、変動的で不確実であり、将来の予想が困難な時代という意味です。1年先でさえ、どうなっているかを正確に予測することは難しいのです。

目標や計画を設定する必要はありますが、その通りにいくとはかぎりません。い

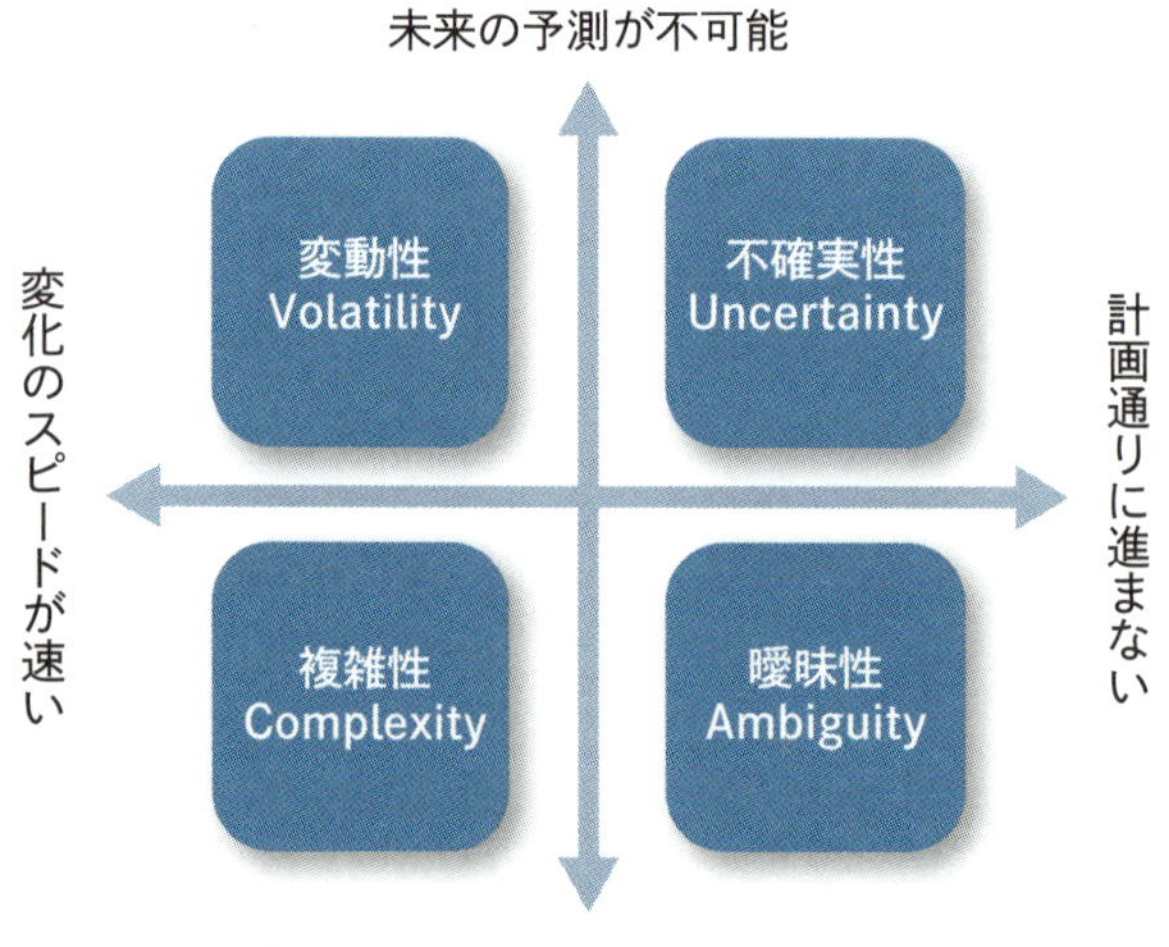

■ VUCA（ブーカ）時代

え、うまくいかないことのほうが多いでしょう。

変化が速く、確実なものが少ない現代において、長く続いている企業は必ず時代に応じた変化をしています。外からは同じように見えても、内部は少しずつテコ入れをしているのです。

私が過去に採用系のコンサルティング会社に所属していたとき、３００年以上続く京都の老舗企業の社長に「事業を長く続けるために、最も大切なことは何ですか？」と質問したことがあります。すると、こう返ってきました。

「時代の波に合わせて変化すること」

リブランディングの仕事に携わるようになった今、社長の言葉の正しさを噛みしめています。

時代に左右されない、サービス・商品や特許などを持っていないかぎり、テコ入れなく、事業を継続・維持できる企業はないと言ってもよいでしょう。

■「捨てるもの」を間違えないことが重要

何度もお伝えしていることですが、お金や人など経営に必要な資源のすべてがそろっている中小企業はありません。

人を増やしたくても資金が足りないし、なんとか資金を捻出して募集をかけてもなかなか人が集まらないのが現実です。今いる資源で戦うしかない中小企業が大半だと思います。

そこに、VUCA時代の変化の速さと不確実性が加わります。

顧客のニーズや情報の受け取り方の変化に対して、今ある少ない資源でどう戦っていくか、どう会社を立て直していくかを考えなければいけません。

そこで大切になってくるのが、今あるもののなかで「一番会社らしいもの（残すもの）」を見極めることです。

そして**選び抜いたものを磨き、時代に合った会社に育てていくことで、VUCA時代でも、大企業が相手でも、生き残ることができます。**

社内で「残して磨くもの」と「潔く捨てるもの」を正確に見極め、選り分けられればいいのですが、残念ながら自分の会社を客観的に見られる社長は多くはいません。

しかし、これは仕方のないことです。中小企業の社長は、自社の商品・サービスに「思い入れが強い」からです。

事実、序章で紹介したM社は、最終的に「新築へのこだわり」を「潔く」捨てましたが、決定するまでの間、社長は本当に悩み抜きました。

そんな**社長の悩みに寄り添い、社長が決断しやすくなる材料を、客観的な立場で提供するのが、外部コンサルタントの役目**でもあります。

そして、リブランディングに大切なことは、**「残して磨くもの」以上に、「捨てるもの」を間違えない**ことです。未来にばかり目がいってしまうと、過去（企業の歴史）の良い部分を忘れがちです。

捨ててはいけないものを捨てると顧客を失い、会社は潰れます。

これを避けるためにも、「会社の魅力」「会社の弱点」を正しく分析できる、客観的な視点を持つ外部の目は必須です。

consul 3.0

リブランディングは大企業に勝つ戦略

私は、**リブランディングは大企業よりも、中小企業に向いている経営戦略**だと思います。

しかも、**中小企業が大企業と同等に渡り合える、さらには勝つことだってできる方法**だと思っています。

その理由は次の2点です。

■組織が小さいほどリブランディングはしやすい

ひとつは、実践のスムーズさ、浸透の早さです。

大企業は事業規模が大きく、部署ごとに独立していて全体像が見えにくい傾向にあります。社長の旗振りのもと、社員が一丸となって取り組まなければ達成できないリブランディングは、規模が大きいほど意思の統一に時間がかかります。

一方で、**事業規模が小さくて部署の数も少ない中小企業は、全体像が見えやすいうえに、社長と社員の距離感が近いので、全社員の意思統一をはかりやすい**というメリットがあります。

経済産業省ソフトウェア・情報サービス戦略室室長の渡辺琢也氏は日経BPのWebサイト『日経トップリーダー』のインタビューにおいて「中小企業は大企業に比べて組織が小さいので、社員全体にDXを推進する意識が浸透しやすい」と説いています。

これまで、会社の問題を解決するにはデジタル化は欠かせないとお伝えしてきました。多くの企業が必要性を感じているDXとは、「デジタルを使った『変革』」であり、会社を「変革」するリブランディングにも、IT化は必須です。

たとえば、会社の認知度を上げるためのPR方法について、時代の流れを考えてみましょう。

コンピュータが普及する前は、チラシやパンフレットなどをポスティングする、手渡す、もしくは雑誌などに広告を掲載、記事にしてもらうなど、紙媒体で会社の認知度を上げるのが一般的でした。

しかし、現代はどうでしょう？

ホームページがない会社は「世間的には存在していないのと同じ」と言っても過言ではありません。

さらに言えば、スマートフォン（スマホ）が登場するまで、ホームページはパソコンでしか見ることができませんでした。今はパソコンではなく、スマホでホームページを閲覧する人が8割以上です。

横長のパソコン画面で見る場合と、スマホの小さな縦型の画面で見る場合では、見せ方が変わります。会社のロゴひとつをとっても、スマホで美しく見えるデザインにアレンジする必要があるのです。

このような「見せ方」によって、会社や商品・サービスの魅力が顧客に届きやすくなります。私自身のコンサル事例からも、多くの消費者はＳＮＳからの情報提供がないと不満を感じる傾向にあります。

ＩＴ化も、小さい会社だからこそ導入の決断がしやすく、浸透も早いでしょう。

また、社員が一丸となって取り組む**リブランディングは、社員全員が会社と真剣に向き合ういい機会**になります。リブランディングの過程で、愛社精神が育まれるという効果も期待できます。

結果的に、今いる社員を大切に活かしていくことになり、社員の定着率アップにもつながっていきます。

■リブランディングは「お金」に変わりやすい

もうひとつは「お金」に変わるスピードの速さです。

ランチェスター戦略において中小企業が取るべきは「弱者の戦略」であることはお伝えしたとおりです。

人海戦術でどんどん商品やサービスを生み出し、営業展開する強者（大企業）と戦うためには、小さな市場でナンバーワンを積み重ねていく弱者（中小企業）の戦略が有効になります。

その際の手段としてもリブランディングはおすすめです。お金をかけずに、かつ素早くお金に変わります。

リブランディングはお金と直結しないイメージがあるかもしれませんが、むしろ**新商品の開発にお金をかけるよりも、売上につながる方法**なのです。

リブランディングでは経営理念をつくり直したり、企業の強みを見直したりします。これらが企業にとっての武器になり、結果的にお金＝売上や利益を生みます。

しかし、**中小企業の多くは経営理念を武器にしていません。それ以前に、経営理念が武器になることとさえ知りません。**

世界的に有名な企業であるジョンソン・エンド・ジョンソンには「クレド（我が信条）」という世界に誇れる企業理念・倫理規定があります。

伝説の社長と呼ばれる新将命《あたらしまさみ》氏が日本法人の社長に就任した当時、クレドは額縁に飾られているだけの存在で、社員は見向きもしなかったそうです。

そこで、新氏は企業理念を単なるお飾りではなく、仕事の道具にするために、企業理念の浸透をはかることにしました。そして、理念を実現するための手段を、社員と一緒に考えたそうです。

その結果、社員は未来に目を向けられるようになり、活気のある会社に変貌しました。

日本の中小企業にも、同じ意識が必要だと私は思っています。

似たような商品・サービスが同じ価格で売られているなかで、自社の商品を選んでもらうためには、商品・サービスの良さをアピールするだけでは勝てません。

なぜ、その商品・サービスを提供するのか、その裏にあるストーリーや、企業の考え方が加わって、「会社らしい価値」が生まれます。

そのためには、社員に企業理念を浸透させ、社員はそれを武器に商品・サービスを売る戦略が必要です。

商品そのものではなく、そのバックにあるストーリー、会社の想いが価値となり、売上につながっていくことを知ってほしいのです。

リブランディングには「内側」と「外側」がある

リブランディングは、「インナーブランディング」と「アウターブランディング」の2段階に分けて、考え、実行します。

まず「インナーブランディング」をしっかりと整えたうえで、「アウターブランディング」を行います。後述しますが、この**順番を間違えると失敗する可能性が高くなるので注意**が必要です。

■インナーブランディングとは「企業理念」と「行動指針」の見直し

インナーブランディングでは、企業の根幹となる「企業理念」と「行動指針」を見直し

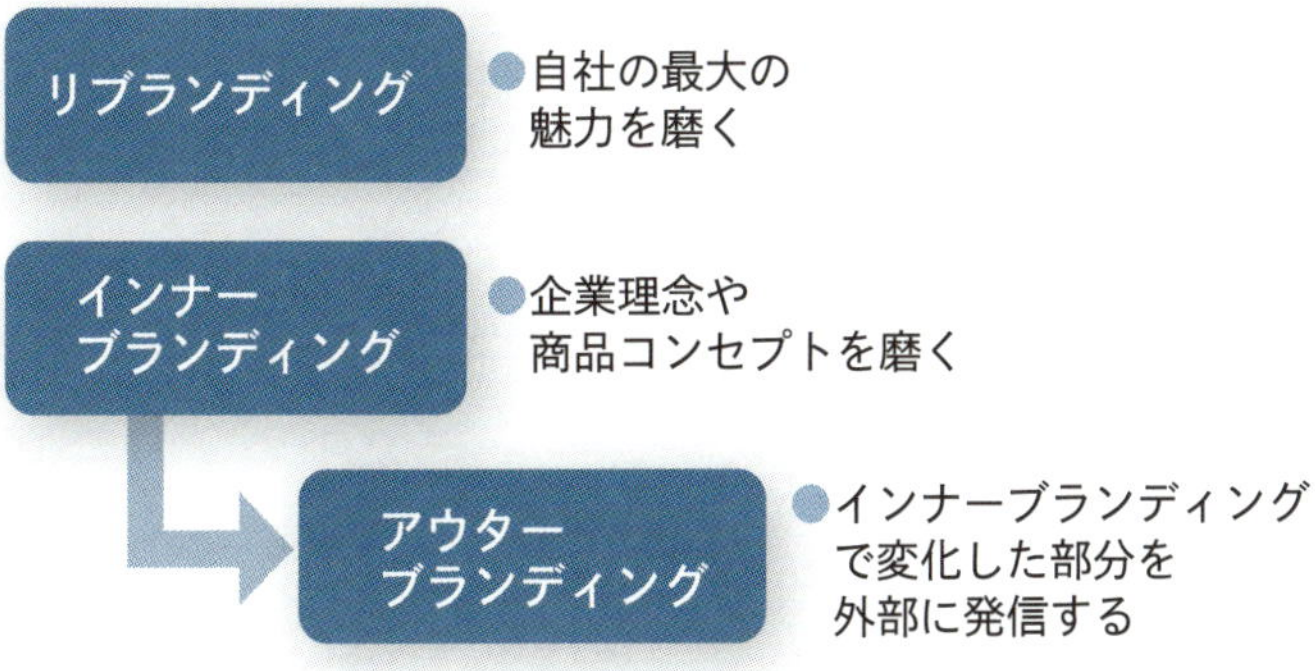

■リブランディングの2段階

ます。

企業理念は、長期視点で遠い未来まで見据えながら、

「自分たちはこういうことを大事にしていきたい」

「こういう想いで商品・サービスを提供している」

という、企業の基本的な考えです。

「何を大事にするか」をはっきりさせずに改革はできません。

ジョンソン・エンド・ジョンソンの例からもわかるように、この浸透こそが、社員一丸となって改革を進めていくための「肝」になります。

ただし、理念だけでは社員はどう行動すればいいのかわかりません。理念を実現するためには、具体的にどんな行動が必要なのかも示さなければいけません。それが「行動指針」であり、これによって、社員は同じ方向、目標に向かって進めます。

見直す際に最も大切なことは、「残すもの」と「捨てるもの」をきちんと見極めることです。

序章で紹介したM社の場合、「少しでも広く、少しでも安く、若い顧客層にマンションを提供する」という理念は、創業当時の世の中で、生活の豊かさを体現するために必要な具体的なメッセージでした。

しかし、今の時代は必ずしも価格や広さがターゲットとする顧客の共通解ではなく、多様な価値観のなかで一人ひとりが考える豊かさに寄り添うことが求められています。

新築マンションの建設・販売は続けたいという思いは変わらずありますが、提供できない時代的な背景があることと、多様な価値観や選択肢というニーズに合わせて、M社は仲介やリフォームといった新規事業を起ち上げることに決めました。

新築マンションだけで勝負するという考えはいったん捨て、新たな道を創造することで、新築マンションを提供できる市況になった際には、M社の武器も増えて組織としてさらに強くなっていくはずです。

■アウターブランディングとは外部への「見せ方」の見直し

アウターブランディングは、インナーブランディングによって生まれ変わった企業の見せ方を見直すことです。つまり、変化した企業を、アウターブランディングを通して外部に発信していきます。

どの部分をどう変えていくかは、インナーブランディングの内容によって異なりますが、ホームページ、ロゴ、SNS、パンフレット、プレスリリース、名刺デザイン、商品パッケージなど見直す部分は多岐にわたります。

M社を例にするなら、もともとはデベロッパーでしたが、インナーブランディングにより、リフォーム業や不動産仲介業もスタートさせたことで、ホームページを硬いデザインから、柔らかくてカジュアルな雰囲気のあるデザインに刷新しました。

第6章でも成功事例を紹介しているので参考にしてみてください。

内側を無視して外側だけリブランディングしてもうまくいかない

インナーブランディングの内容を聞いて、なかには「企業理念からの見直しは時間がかかりそう。ホームページをカッコよくデザインし直せば、短期間で顧客に訴求できるのではないか?」と考えた方もいるかもしれません。

コンサルタントのなかには「もちろんできますよ」と、見栄えのいいホームページのデザインを提案してくる人もいるでしょう。

ですが、この考え方は危険です。

冒頭でも挙げた『2022年版　中書企業白書』には、実際に企業が行ったリブランディ

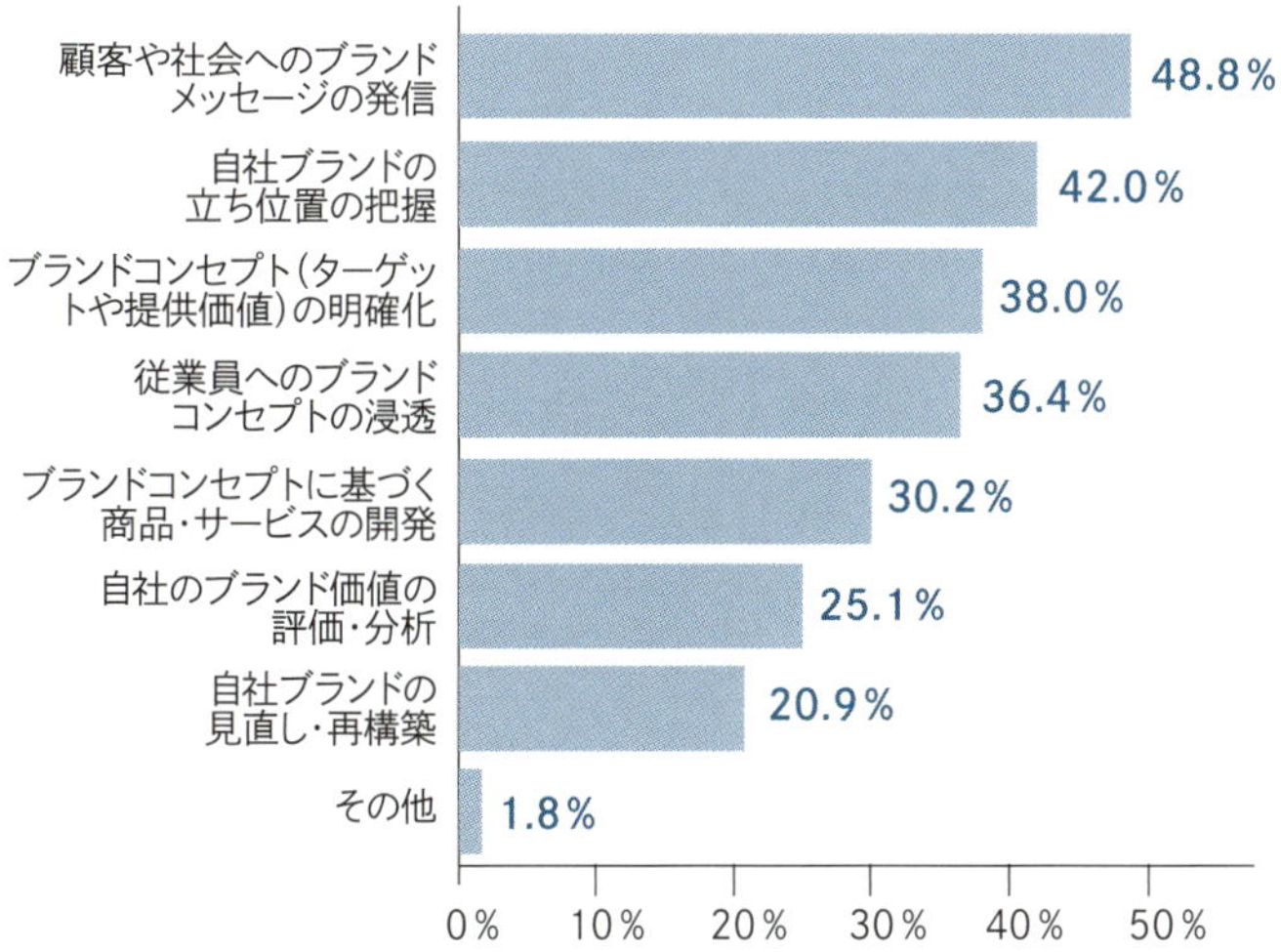

■ブランドの構築・維持のための取り組み内容
出典：『2022年版　中小企業白書』中小企業庁、2023年

ングの取り組み内容も書かれていますが、アウターブランディングに力を入れている企業が多いことに驚かされます。

半数近い企業が「顧客や社会へのブランドメッセージの発信」と答えている一方で、「自社ブランドの見直し・再構築」と答えたのは20％程度でした。

インナーブランディングを無視してアウターブランディングを行うことで、一時的に効果を実感できることもあるかもしれません。しかし、長期的な利益につながらないケースは少なくありません。むしろ、悪い結果につながる可能性が高いことを知ってほしいのです。

これは実際にあった話です。

ある企業がＷｅｂマーケティング系のコンサルタントに言われるがまま、ホームページを刷新しました。

コンサルタントから「こんなにゴチャゴチャしたデザインではターゲットに刺さらないし、時代にも合っていません。たとえば、Hermès（エルメス）みたいに、雰囲気のある写真と短い文章しかないホームページに変えて、すっきりカッコよくしましょう」と提案されたのです。

結果、たしかにホームページはカッコよく、スタイリッシュな印象になりました。

しかし、売上は下がりました。

売上が下がった要因は明確です。商品の説明がなくなったことで、お客様が安心して購入できなくなったからです。

誰もが知る有名ブランドなら、商品の画像をメインにした商品説明のない見せ方でも通用するでしょう。商品以前に、企業自体に信頼性があるからです。

しかし、知名度の低い中小企業が同じことをすれば説明不足になるだけです。ホームページを見たお客様が、「素敵な商品だな」と思ってくれたとしても、情報が少なすぎることが原因で購入に踏み切れないのです。

知名度の低い商品・サービスへの訴求は、むしろうるさいくらいの商品説明が必要です。もちろん、情報量を増やせばいいというものでもありません。過不足なく、商品の魅力が伝わる文章とデザインが必須なのは言うまでもありません。これこそが、アウターブランディングの真骨頂です。

アウターブランディングを適切に行うためにも、インナーブランディングで何を残し、何を捨てるのか、残したものをどう磨いていくのかを考える必要があるのです。

この例は、有名ブランドの真似をしても「改悪」にしかならない最たるものですが、中小企業のコンサルを行ううえで、最も大切な企業文化を理解していないコンサルタントが起こしやすい間違いだと私は思います。

結果、「コンサルタントは役に立たない」と中小企業の社長が思ってしまったら、とても残念なことです。

ただ、耳が痛い話かもしれませんが、これは社長にも責任があります。知り合いに紹介された、費用が安かったなど、安易にコンサルタントを選んでしまったことにも原因があるかもしれません。

中小企業に合ったコンサルタントを選ぶのはもちろんですが、仕事のスピード感など個人的な相性もあります。過去にコンサルで失敗した経験のある方も、第2章で解説したコンサルタントの選び方を今一度熟読してみてください。

インナーブランディングは目に見えないものを見つけ、言葉や形にしていく作業なので時間がかかります。早急に会社を改革したい社長にとっては、煩《わずら》わしさを感じてしまうかもしれません。

しかし、その意識ではリブランディングはうまくいきません。

会社にとって「残すべきもの」を見極めるにはそれなりの時間が必要です。外側だけを取り繕っても、いずれメッキは剥がれてしまいます。

本気で会社を立て直し、これからも長く事業を続けていきたいと思うならば、「会社と向き合う」ことを面倒くさがらないでください。

consul 3.0

リブランディングを成功させるポイント

リブランディングを成功させるために重要なことは、インナーブランディングを疎かにしないことです。多少時間がかかっても、会社と真剣に向き合い、しっかりと「残すもの」と「捨てるもの」を見極めましょう。

ここをきちんと設定できれば、適切なアウターブランディングにつながります。

リブランディングは、コンサルタントに依頼しなくても実行できますが、以下に当てはまる場合は、やはり外部に頼ることをおすすめします。

- **社長や幹部が客観的視点に乏しい**
- **社長のカリスマ性が高くワンマン**

客観性については、再三お伝えしてきたとおりです。

社長のカリスマ性についてですが、このタイプの社長が中心になって会議を進行しても、社員が社長の意見に迎合してしまったり、緊張・萎縮して社員から意見が出てこず議論にならなかったりする懸念があります。

社長の旗振りが必要なことはこれまでも述べてきましたが、実際に動くことになる社員が自分ごととして受け止めることも重要なポイントです。

コンサルタントが入ることで、客観性が増すのと同時に、コンサルタントがファシリテーターになることで議論しやすい場をつくることができます。

コンサルタントは社員の本音を引き出す役割をしてくれます。

そのうえで、リブランディングを成功させるためには、以下を意識しましょう。

【成功するリブランディングのポイント】
●財務状況を開示して社員に当事者意識を植えつける
●社員を巻き込んでオープンな議論を行う

●「企業理念」の見直しと浸透のコツをおさえる

⑴財務状況を開示して社員に当事者意識を植えつける

リブランディングにかかわるすべての人に、財務状況を開示します。

社長が「リブランディングを行う」と決めても、状況がわからなければ社員は戸惑ってしまったり、面倒な仕事が増えたとネガティブな感情を抱いてしまいかねません。

「なぜ、今、リブランディングが必要なのか」

社員に当事者意識を持たせるには、これをしっかりと伝えることが大切なポイントです。会社にはどれくらいお金が入ってきて、どんなことにお金を使っていて、どれくらい内部留保があるのかなどです。

リブランディングをしなければ、会社の未来はどうなってしまうのか、問題点を共有することで、社員に当事者意識が芽生えやすくなります。

財務的な情報開示は、勇気のいることです。悪い情報は社員には伝えたくないと考える社長は多いと思います。

社員に心配をさせたくないという思いや、恥ずかしさもあるかもしれません。会社の業績は「社長にとっての通知表」と同じです。子どもが親に成績の悪い通知表を見せたくないと思うのと同じかもしれません。私も社長なので気持ちはわかります。

会社を改革することは簡単なことではありません。だからこそ、会社の改革に社員の協力は必須です。リブランディングをする覚悟を決めたのなら、勇気を出して情報を開示してください。

■「カッコ悪い」姿を見せることを恐れない

これはある会社の事例ですが、時代に合わせた変化ができないことで売上がどんどん下がっていました。このままでは人件費や家賃などの固定費が払えず、6か月後には倒産することが見えていました。

そこで社長が行ったのは、まずは部長クラスの社員を集めて合宿を開き、会社の財務状況をつまびらかにすることでした。

その後、社員全員にリアルな状況を伝え、社長は正直な気持ちを伝えました。

「私は本気でリブランディングに取り組み、会社を立て直したいと思っていますが、この話を聞いて辞めたいと思った人は辞めていただいてかまいません。一緒にがんばろうと思ってくれる人は残ってください」

すると、興味深いことが起こりました。

洗いざらい話したことによって、逆に社長に対する信頼感が強まったのです。もちろん、離脱する人もいましたが、「全員辞めるだろう」という社長の予測よりもはるかに少ないものでした。

むしろ、すべてを開示した社長の心意気に共感し、「一緒に会社を再興させましょう！」と残ってくれた社員がたくさんいたのです。結果、この会社はV字回復できたのです。

多くの社長は、お金に関することは社長の仕事であり、とくに悪い部分は一人でなんとかしなくてはいけないと考えてしまいがちです。

また、「情けない話やダサい話をすると社員は辞めるものだ」と思い込んでいるかもしれません。ですが、私の経験上、逆に安心感や信頼感につながり、社員を奮起させる結果になることも多いのです。

(2) 社員を巻き込んでオープンな議論を行う

リブランディングは、最初の段階からいかに社員を巻き込んでいくかが重要になってきます。

今後、「会社がどういう方向性に進んでいくべきなのか」「逆にするべきでないことはどういうことなのか」「会社が大事にしていきたいこと」について議論していきます。

そうして、「一番残したいもの」を見極めていきます。

議論の際に大切なことは、誰もが遠慮せずに意見を言い合える雰囲気をつくることです。「古参の意見は正しい」などと考えてはいけません。**社長の積極的な姿勢は必要不可欠ですが、議論の際にはまず聞く耳を持ってください。**

とくに、これまで経営にかかわっていなかった若手社員の意見は貴重です。時代に合った、新しいアイデアが出ることが多いからです。

社長を含め、古参の社員たちには「自分たちが会社を守ってきた」という自負がありま す。若手社員に「今の時代、その考えは古い」などと言われたら、つい「君たちは何もわかっていない」と反論したくなりますよね。

社長の役割として、議論をする前に古参社員たちに、「ゼロベース思考」で若手の話を聞くように伝えることも必要です。

もちろん、幹部の意見も重要です。リブランディングは「捨てるものを間違えない」ことも肝腎だからです。まだ、経験の浅い若手社員は、会社の未来には思いを馳せられても、過去のよい部分に目を向けることは難しいかもしれません。

繰り返すように、リブランディングとは企業がすでに持っている最大の「魅力」（あるいは「強み」）にフォーカスして、それを磨くことです。

社長は**古参の意見と若手の意見、会社の過去と未来、両方に目を向け、方向性を決定してください。**

会議などのオープンな場での議論が難しいときは意見箱を設定してみましょう。より、しがらみや軋轢《あつれき》に左右されない自由な意見が出てくるかもしれません。

■社員に「自分もかかわった！」と思わせる

社員を含めて議論する目的は、さまざまな視点からの意見が必要なことともうひとつ、社員が「自分もかかわった！」と思わせることです。

議論をもとに企業理念を見直していきますが、みんなで議論し、**自分の発言が企業理念や行動指針に反映されることで、社員は「この会社は自分の会社だ」と思えるようになります。**

結果、企業理念の浸透も早くなり、社員はそれを武器に商品・サービスを提供するようになります。

■会社の全体像が見える質問をする

なかなか意見が出ない場合、ファシリテーターとしてコンサルタントがいろいろと工夫をしてくれると思いますが、社長からも次のような質問を社員に投げかけてみてください。

「『会社らしい』と思ったエピソードを教えて」

「仕事をしていて嬉しかったこと、悲しかったことを教えて」

社員一人ひとりの言葉から、会社の全体像を浮き彫りにしていきます。

「どんな考えが会社らしくて、そこにプラス・マイナスはあるのか?」

「この会社のどんな部分に楽しさがあるのか？」

「この会社のどんなところが嫌だなと感じるのか？」

事実ベースのエピソードとして挙げてもらうのがポイントです。複数の社員のエピソードに共通している要素を抜き出すことで、会社が向かうべき未来が見えてきます。

(3)「企業理念」の見直しと浸透のコツをおさえる

議論で挙がった内容をもとに、企業理念を見直し、さらには社員に浸透させます。その際のコツをいくつか紹介しておきましょう。

■できるだけ時間軸の長い大きな夢を描く

企業理念は大きく、かつ遠い未来を思い描きます。

「50年先、100年先の会社がこうなっていてほしい」という姿です。

人、お金など資源の制約は一切考慮しないでください。

それこそ「○○で地球を救う」くらいの大きな夢です。すると、「簡単には叶わない夢だからこそ、どうがんばるか？」という発想になっていきます。

それを行動指針に落とし込んでいきます。

大きな夢を描き、それを言語化し、達成するための具体的な行動を示すことで、社員の仕事に対するモチベーションはもちろん、愛社精神も大きく向上します。

■誰もが理解できる平易な言葉・表現で会社らしさを表す

わかりやすい言葉や表現を意識して見直してください。短く端的にすることも浸透しやすいコツです。

また「弊社は○○に貢献します」などのように、社名を伏せたらどの会社にも通用してしまう表現では、会社への愛着心につながらないので避けましょう。

■評価制度や事業判断にも活用する

企業理念はお飾りではなく、経営を有利にするための武器です。

「会社らしさ＝企業理念」を体現している人が、会社にとって良い人材になるため、高評価をつける基準にすることで、社員はより理念を体現しようという気持ちになります。

また、取引先とのトラブルや顧客からのクレーム時など、難しい判断が必要な場合にも活用できます。「会社が何を大事にしているのか」は、「迷った際に立ち返る場所」になります。

■目につく場所に掲げ、定期的に見直す

企業理念はホームページはもちろん、オフィス内など、社員が目に留めやすい場所に掲載しましょう。名刺に文言を入れたり、クレドカードを作成したりして、つねに携帯・確認ができるようにするのもおすすめです。

企業理念や行動指針は、定期的に見直すことも大切です（最低でも1年に1回）。**社会状況や会社の状況に合わせてテコ入れすることで、時代の流れに沿った経営を続けることができます。**

第6章

DX、リブランディングに成功した中小企業

CONSULT 3.0

本章では、コンサルタントと二人三脚で、どんな企業が、どのような問題を、どのような方法で解決し、具体的にどのような効果があったのか、８つの事例を紹介します。

ここには、あなたの会社の問題に近い事例、ヒントになる方法がたくさん含まれていると思います。ＤＸやリブランディングに成功した企業の社長の言葉も合わせて、ぜひ参考にしてください。

成功事例1

伝統的なジュエリーの再定義で新たな顧客層を開拓

企業名	N社（東京）
業　種	ジュエリー製造・販売
社員数	30名
期　間	3年
コンサルティング内容	●ブランド戦略立案 ●Eコマース戦略 ●デジタルマーケティング支援
社長の言葉	プロジェクトを通じて、私たちのブランドは生まれ変わりました。しかし、それ以上に大きかったのは、**社員全員が自社の価値を再認識し、誇りを持って仕事に取り組むようになった**ことです。これこそが、本当の意味でのブランディングだったのかもしれません。

N社は東京に拠点を置くジュエリーブランドです。

青山に直営店を構え、自社工房でのデザイン・製造、さらにはジュエリースクールの運営まで手がける、業界では知る人ぞ知る存在でした。

しかし、ブランドの認知度向上と新規顧客の獲得に課題を抱えていました。N社の社長は、依頼の際に次のように言いました。

「私たちには確かな技術とこだわりがあります。しかし、それをどう多くの人に伝え、商品を手に取ってもらうか。そこに大きな壁を感じていました」

外部の目が気づかせた本質的な商品価値

最初に取り組んだのは、N社が扱う伝統的なジュエリーが持つ本質的な価値の再定義でした。

ワークショップを通じて、N社のジュエリーの本質が「家族で家宝を受け継ぐ」という文化的背景にあることが浮き彫りになりました。複雑な彫刻は単なる装飾ではなく、日本の家紋のような意味を持つものだったのです。

「外部の視点を得たことで、私たちが当たり前と思っていた価値の素晴らしさに気づか

されました」（社長）と語るように、商品・サービスに対する思い入れが強いほど、見えなくなってしまうことがあるのです。

ECサイトを「販売の場」＋「ブランドの世界観を伝える場」に

商品価値の再定義をふまえ、次に取り組んだのがデジタル戦略の刷新です。とくに力を入れたのが、ECサイトの再設計でした。

「以前のサイトは、私たちの想いを詰め込みすぎて、かえって顧客に伝わりにくくなっていました」とN社の担当者が言うように、まずはファーストビューを大幅に改善することと、スマートフォン対応を強化しました。

さらに、プロのモデルを起用した撮影やシーズンごとのコレクション展開など、ECサイトを単なる販売チャネルではなく、ブランドの世界観を伝える場として再構築しました。

3か月で驚異的な売上アップを達成

新しいECサイトのローンチ（サービス開始）から3か月で、過去1年間の売上の60％を達成するという驚異的な結果が生まれました。

コンサルのPOINT

❶伝統的な製品を持つ企業が、デジタル時代にいかにしてブランドを再定義し、新たな成長を遂げられるかを示している。

❷外部の視点と専門知識を適切に取り入れることで、自社の価値を再発見し、それを効果的に顧客に伝える道筋が見えてくる。

成功事例2

200年の歴史を持つ老舗企業がデジタル戦略で若い顧客層を獲得

企業名	K社（京都）
業　種	食品加工・販売（京麩）
社員数	50名
期　間	5か月
コンサルティング内容	● デジタルマーケティング戦略 ● SNSコンテンツ企画、運営 ● Eコマース強化 ● 顧客ターゲット拡大戦略
社長の言葉	200年の歴史のなかで、これほど大きな変革は初めてでした。**伝統を守りつつ新しいことに挑戦する。そのバランスの取り方を、このプロジェクトを通じて学ぶ**ことができました。

K社は京都に本社を置く、創業200年を誇る老舗企業です。

主力商品である高級「京麩」で知られるK社ですが、主要顧客の高齢化にともない、事業の先細りに危機感を抱いていました。

K社の社長は次のように話します。

「60代以上のお客様が9割を占める状況で、このままでは会社の存続さえ危ういと感じていました。若い世代にも京麩の魅力を知ってもらい、新しい顧客層を開拓する必要がありました」

伝統食材を現代的に再提案する

プロジェクトの第一歩は、「京麩という食材を、顧客に新しい切り口でどう提案するか」でした。歴史的な価値だけでなく、現代の食生活やトレンドに合わせた新しい価値提案が必要だったのです。

そこで、京麩が持つ「高タンパク・低カロリー」という特性に着目しました。**「健康志向の若い世代やフィットネス愛好家にアピールできる可能性が見えてきた」**（K社担当者）ことで、どのように特性を伝えるかをプロジェクトメンバーで話し合いました。

Instagramを活用して新規顧客の獲得に成功

採用したアイデアがデジタルを活用した情報発信とEコマースの強化です。とくに力を入れたのが、専用のInstagramを開設して発信した「京麩レシピ」です。

K社の社長も**「和食だけでなく、洋食、中華、韓国料理など、さまざまなジャンルのレシピを投稿しました。さらに、各レシピにはタンパク質量も記載し、健康志向の方々にアピールしました」**と、積極的にプロジェクトに参加してくれました。

同時に、パッケージデザインを刷新。従来の高級感を保ちつつ、より若い世代にも手に取ってもらえるように、販路を高級スーパーマーケットに広げることに成功しました。

ファンとの直接対話で想定を超える効果を得る

デジタル戦略を進めるなかで、予想外の効果も生まれました。SNSを通じて、熱心なファンの存在が明らかになったのです。

そこで、「麩アンバサダー」という制度を設け、K社とファンの方々と直接対話する機会をつくることにしました。

その結果、新商品開発のヒントを得たり、より効果的な広報戦略を立てたりすることができるようになり、K社の想像をはるかに超える利益を生み出したのです。

顧客層の拡大で売上もアップ

5か月のプロジェクトを経て、K社に明確な変化が現れました。60代以上が9割を占めていた顧客層に、40代以上の顧客が2割加わったのです。

その結果、Eコマースでの売上も大幅に増加しました。

コンサルのPOINT

❶長い歴史を持つ伝統企業がデジタル戦略を適切に導入することで、いかに新しい顧客層を開拓し、事業を活性化できるかを示している。

❷伝統と革新のバランスを取ることが、老舗企業の未来を切り開くカギとなる。

成功事例3

DX推進でリモートワークの実現と人材確保に成功

企業名	G社（大阪）
業　種	食品製造（コロッケのOEM）
社員数	30名
期　間	1年
コンサルティング内容	●人材採用戦略立案 ●業務プロセスのデジタル化 ●リモートワーク環境の整備 ●データ管理システムの構築
社長の言葉	当初は**人材採用の改善が目的でしたが、結果として会社全体のDXが進み、働き方改革まで実現**できました。外部の知見を借りることの重要性を、身をもって感じました。

G社は大阪に本社を置く食品製造会社です。

全国のコロッケのOEM（他社ブランドの製品を製造）を手がけるG社は、関西では有名な企業のひとつでしたが、**「新卒採用がうまくいかず、また中途採用の社員の定着率も低い。とくに営業職の離職率の高さが大きな問題だった」**と人事担当者が語るように、人材確保と業務効率化に課題を抱えていました。

採用戦略の抜本的見直し

まず着手したのが、採用戦略の見直しでした。従来の就活サイトに頼る方法から、採用支援ツール「Wantedly」を導入し、活用する方法に転換したのです。

そして、自社の魅力を適切に伝えるための募集ページを作成した結果、新卒と中途の両方で、これまでにない質の高い採用に成功しました。

デジタル化による業務プロセスの改善

次に取り組んだのが、業務プロセスのデジタル化です。とくに注力したのが、全国のOEM製品のレシピ管理と生産量管理のシステム化でした。

それまでのG社は、紙ベースで膨大なレシピを管理していましたが、データベース化したことで、「新規オーダーへの対応速度が大幅に向上し、生産効率も上がりました」（IT担当者）。

リモートワークの実現で離職率が40%から8%に

業務のデジタル化により、思わぬ副産物も生まれました。営業社員がリモートで働けるようになったのです。

「以前は営業社員が工場でつくったサンプルを持って、全国のクライアントを車で回っていました。しかし、製造工程のデジタル化により、オンラインでレシピのやりとりや工程管理ができるようになったのです」（営業部長）

その結果、営業社員の働き方が大きく改善し、驚くべきことに営業職の離職率が40%から8%にまで激減しました。

初の新卒採用に成功し、社員の意識も劇的に変化

採用戦略の見直しによって、G社は初めて新卒採用に成功しました。

新卒社員が入社したことで、「この人材をきちんと育てよう」という意識が社内に芽生え、マニュアル作成や教育体制の整備など、会社全体が成長志向に変わっていったそうです。これは、想定外の効果でした。

コンサルのPOINT

❶製造業におけるＤＸ推進が単なる業務効率化にとどまらず、人材確保や組織文化の変革にまで波及する可能性を示している。

❷適切な戦略と実行は、社員の定着にも多大な影響をおよぼすことの証左と言える。

成功事例４

リブランディングで教育業界の新たな価値創造を実現

企業名	Ｔ社（京都）
業　種	教育（個別指導塾）
社員数	教室長 42 名 アルバイト講師約 700 名
期　間	9 か月
コンサルティング内容	● ミッション・ビジョン・バリューの再定義 ● ブランドアイデンティティの刷新 ● 社内コミュニケーションの改善 ● 採用戦略の立て直し
社長の言葉	このプロジェクトを通じて、単に**売上を追うのではなく、社員と生徒の成長にフォーカスすることの大切さを学びました。結果として、それが会社の成長にもつながっています。**今では、本部からも「Ｔ社は発想も含めて、取り組み方が全然違う」と評価されるようになりました。

T社は京都に本社を置く、個別指導塾のフランチャイジーです。全国規模の有名個別指導塾の代理店として35年の歴史を持ち、国内トップクラスの42教室を運営しています。

世代交代を機に、二代目社長は会社の方向性に迷いを感じ始めていました。

「先代は売上至上主義で、トップダウンの経営でした。しかし、私は『みんなでがんばる』『生徒が辞めずに長く続ける』といった方向性に変えたいと考えていました」

しかし、どう変えればいいのか、具体的なイメージが湧かなかったのです。

企業理念の根本的な見直しからスタート

プロジェクトの第一歩は、ミッション・ビジョン・バリュー（MVV）の再定義でした。社員全員を巻き込んだミーティングを通じて、「生徒の人生に寄り添う」という新しい理念が生まれました。

人事部長が**「このプロセスで、社員一人ひとりが『自分たちは何者なのか』を真剣に考える機会になった」**と語るように、単なるお題目ではなく、全員が腹落ちした理念が生まれたのです。

ブランドアイデンティティの刷新

新しい理念に基づき、社名やロゴも変更しました。

広報担当者が、「先代の時代の社名は合理的でしたが、思いが伝わりにくいものでした」と言うように、新しい社名には、生徒の成長を全力でサポートするという社員全員の決意が込められています。

社内コミュニケーションの変革

新しいブランドアイデンティティは、社内のコミュニケーションにも大きな変化をもたらしました。

ある教室長は「各教室の教室長である社員たちが、日常会話のなかで新しい社名を頻繁に出すようになりました」と語り、それら教室長たちの言動を受け、アルバイト講師たちにも、会社の理念が自然と浸透していったそうです。

理念の浸透がもたらした正社員の増加

最も劇的な変化が見られたのは採用面でした。

これまで、大学生のアルバイト講師は卒業と同時に離れていくのが当たり前でした。しかし、新しい理念の浸透により、状況が一変したのです。

社員が自主的に、アルバイト講師を会社説明会に誘うようになり、毎年10人前後のアルバイト講師が正社員として入社するようになったのです。

コンサルのPOINT

❶教育業界におけるリブランディングがいかに組織文化を変革し、人材確保や事業成長につながるかを示している。

❷企業理念の再定義と浸透が、思わぬ形で採用問題の解決や競争力の向上をもたらす可能性を教えてくれる。

成功事例5

美容業界に新しい働き方モデルを提示するデジタル変革

企業名	F社（大阪）
業　種	美容室
社員数	25名
期　間	4か月
コンサルティング内容	●デジタルプラットフォーム構築 ●Eコマース戦略立案と実装 ●新規ビジネスモデル開発 ●人材育成・定着戦略
社長の言葉	このプロジェクトを通じて、**デジタル技術は単なる業務効率化のツールではなく、ビジネスモデル自体を変革する力を持つ**ことを学びました。美容師という職業の可能性を広げ、業界全体に新しい風を吹き込めたのではないかと自負しています。

Ｆ社は大阪を拠点とする美容室チェーンです。

２０１３年に創業し、美容業界では異例の10年以上の継続経営を実現していましたが、コロナ禍による売上激減を機に、ビジネスモデルの抜本的な見直しを迫られていました。

Ｆ社の社長は**「美容師の多くは独立志向が強く、人材の定着が業界全体の課題」**と言います。

しかし、すべての美容師が独立に向いているわけではありません。社長は社員として長く働ける、新しい美容業界の形をつくりたいと考えていました。

デジタルプラットフォームで新たな顧客接点の創出

プロジェクトの第一歩は、オンラインでの顧客接点を強化するためのデジタルプラットフォームの構築でした。

そこで、単なるＥＣサイトという役割だけでなく、美容師一人ひとりにスポットライトを当てるプラットフォームを提案。各美容師のプロフィールページを作成し、ＳＮＳと連携させることで、お客様との新たな関係性の構築を目指しました。

美容師の個性を活かした新しい収益モデル

次に取り組んだのが、美容師個人の魅力を活かした新しい収益モデルの開発です。

ＥＣサイトでの売上を、商品を紹介した美容師本人に還元する仕組みを構築したことで、「美容師たちは、店舗での施術以外でも収入を得られる道が開けました」（経営企画担当）。

さらに、オンラインでの接客や、ＥＣサイトのデザインを担当するなど、美容師が施術以外に持つ多様なスキルを活かせる新しい職種も生まれました。

ブランド力の強化と新規事業の展開

デジタル戦略の成功を受けて、Ｆ社はさらなる飛躍を遂げます。自社ブランドの立ち上げです。美容や健康、食にまつわるオリジナル商品の展開や、企業間コラボレーションを実現しました。

「別会社を立ち上げてカラー剤のメーカーとしても事業を展開。他の美容室への販売も始まっています」（社長）。

働き方の変革で人材定着率が向上

これらの取り組みは、美容師たちの働き方にも大きな変革をもたらしました。

「完全な独立ではなく、会社という傘の下で一人ひとりが『企業内起業家』として活躍できる仕組みが整いました」と人事担当は言います。

その結果、F社の人材定着率は大幅に向上し、業界平均を大きく上回る継続雇用を実現しています。

コンサルのPOINT

❶デジタル戦略が単なる販売チャネルの拡大にとどまらず、業界の構造的課題の解決や、新しい働き方モデルの創出にまでつながる可能性を示している。

❷適切なデジタル戦略により、ビジネスモデルの革新と持続可能な成長が実現できることの証左と言える。

成功事例6

オンラインレッスンの導入でマーケットを拡大したハイブリッド音楽教室

企業名	S社（神奈川）
業　種	音楽教室運営
社員数	約20名
期　間	1年
コンサルティング内容	●SNSマーケティング戦略立案 ●オンラインレッスン導入支援 ●DX推進 ●新規マネタイズ方法の開発
社長の言葉	正直、**最初は不安でした。でも、新しい取り組みを始めてみると、想像以上の効果がありました。**今では、オンラインとオフライン、両方の良さを活かしたハイブリッドな音楽教室として、さらなる成長を目指しています。

S社は神奈川県横浜市で、音楽教室を運営する会社です。

従業員約20名の中小企業ながら、独自の教育メソッドで高い評価を得ていましたが、新規顧客の獲得に課題を抱えていました。

また長年、SEO対策に力を入れてきましたが、効果に疑問を感じ始めていたのです。

「もっと効果的な集客方法があるのではないか？」という思いから、それまで依頼していたSEOコンサルティング会社との契約を終了し、新たな方向性を模索していたところ、私たちに相談がありました。

データ分析の結果、新たな可能性が見えた

まず、S社のWebサイトのアクセスデータを詳細に分析しました。そこで興味深い発見がありました。横浜市以外の地域からのアクセスが予想以上に多かったのです。

この発見をもとに、私たちは「オンラインレッスン」の導入を提案。物理的な制約を超えて、全国の顧客にサービスを提供できる可能性が見えてきたのです。

SNSを活用した新しい集客戦略

同時に、集客方法の大幅な見直しを提案しました。従来のSEO中心の戦略から、SNSを主軸とした戦略への転換です。

今や、新たに情報を得る場所はパソコンのインターネットではなく、スマートフォンのSNSです。

そこで、Instagram、TikTok、YouTubeなどのプラットフォームを活用した新たなマーケティング戦略を立案しました。

当初、S社のみなさんはオンラインレッスンやSNSマーケティングという新しい取り組みに戸惑いを見せました。しかし、私たちはていねいにサポートを行い、段階的に導入を進めました。

オンラインレッスンのためのシステム構築、講師のトレーニング、SNSの運用ノウハウの提供など、DX推進とマーケティング支援を並行して行いました。

その結果、わずか半年でオンラインレッスンの受講生が急増。横浜市以外の地域からの新規顧客が大幅に増加し、新たな収益源となりました。

オンラインレッスンが対面レッスンの増加と認知度向上に寄与

興味深いことに、オンラインレッスンの導入は対面レッスンにも好影響をおよぼしました。オンラインレッスンでS社の質の高さを知った顧客が、より本格的に学ぶために教室に足を運ぶケースが増えたのです。

さらに、SNSでの情報発信を通じてブランド認知度が向上。その結果、地元横浜市での新規顧客獲得にもつながりました。

コンサルのPOINT

❶データ分析に基づく戦略立案と、新たな技術やプラットフォームの適切な導入が、中小企業の可能性を大きく広げる好例である。

成功事例7
フルリモート企業がオンラインで実現した企業文化の醸成

企業名	A社（福岡）
業　種	ITシステム開発・インフラ構築
社員数	25名
期　間	4か月
コンサルティング内容	●ミッションステートメント浸透ワーク ●個別インタビュー ●グループセッション ●オンラインファシリテーション
社長の言葉	企業文化の醸成は、一朝一夕にはできません。しかし、この取り組みを通じて、私たちは正しい方向に一歩を踏み出せたと確信しています。**外部のプロフェッショナルの支援があったからこそ、短期間でここまでの変化を生み出せた**のだと思います。

A社は福岡に本社を置くIT企業です。

2013年の設立以来、システム開発やインフラ構築を主軸に急成長を遂げてきました。

しかし、フルリモート体制での事業拡大にともない、企業文化の醸成という新たな課題に直面していました。

A社の社長は、**「急速な成長なかで、企業文化をしっかりと根づかせる必要性を強く感じていました」**と語ります。

しかし、フルリモート環境下で、どのようにしてチームの一体感を醸成すればよいのかわからず、外部の力を借りることを決断しました。

オンラインツールを駆使した企業文化醸成プロジェクト

私たちは、A社の課題に対して、オンラインツールを最大限に活用したミッションステートメント（行動指針）浸透ワークを提案しました。

4か月にわたるプロジェクトでは、25名の全社員に対して個別インタビューとグループセッションを実施。Zoomなどのオンライン会議ツールや、Miroなどのデジタルホワイトボードを駆使し、物理的な距離を感じさせないインタラクティブ（双方向）な環境を創出しました。

外部ファシリテーターだからこそ実現できる深い対話

個別セッションでは、各社員の価値観や原体験に焦点を当て、ていねいな聞き取りを行いました。グループセッションでは、これらの個人の気づきを全体で共有し、会社のミッション・ビジョン・バリューとの接点を探っていきました。

この取り組みは、**「外部の方が入ることで、ふだんは言えない本音や、自分でも気づいていなかった思いを引き出してもらえました」「ファシリテーターが適切に問題提起をしてくれたおかげで、議論が深まりました」**など、社員の方々から高評価をいただきました。

言葉の背景を知ることで変化した関係性

プロジェクトの結果、社員間の相互理解が大きく進展しました。

「日々のビジネスチャットでのやりとりが、まったく違って見えるようになりました。一人ひとりの言葉の背景にある思いや価値観がわかることで、コミュニケーションの質が劇的に向上したのです」と社長は社員の変化を語ります。

さらに、このプロジェクトを通じて、企業文化の醸成が継続的な取り組みであることを全社員が実感。最終的に各自が仕事へのコミットメントを発表し、組織としての一体感を高めることができました。

コンサルのPOINT

❶フルリモート環境下でも、適切な手法と外部の視点を取り入れることで、強い組織文化を築けることを示している。

❷急成長するIT企業にとって、技術力の向上と並んで、企業文化の醸成がいかに重要であるかを物語っている。

成功事例8

医療・介護・不動産を統合するデジタルプラットフォームの構築

企業名	C社（愛知）
業　種	薬局・介護・不動産
社員数	非公開
期　間	進行中
コンサルティング内容	● デジタル戦略立案 ● LINE ミニアプリ開発 ● Web サービス設計 ● DX 推進支援
社長の言葉	このプロジェクトを通じて、**デジタル化は単なる業務効率化ではなく、新たな顧客価値を生み出す手段**だということを学びました。バレンサーのサポートなしでは、ここまでこられなかったでしょう。

C社は愛知県に拠点を置く企業です。薬局、介護、不動産と多岐にわたる事業を展開するなかで、「医療・介護・相続の相談窓口」という新規事業構想を持っていました。しかし、デジタル化の方向性が不明確で、構想の実現に苦心していました。

「我々には事業のアイデアはあったのですが、それをどうデジタルで実現するか。そこが大きな壁でした」と社長が語るように、既存の紙ベースの業務をどうデジタル化するかという点で行き詰まっていたのです。

包括的なデジタル戦略の立案

C社からは単なるウェブサイト制作やアプリ開発にとどまらない、包括的なデジタル戦略の立案から実行までを含むプロジェクトを依頼されました。

私たちは、事業構想の段階から具体的なサービス設計、それらをLINE、アプリ、Webサービスでどう実現するかまで、一貫したサポートを提供しました。

アナログからデジタルへ、DXの本質的な推進

プロジェクトの重要な側面のひとつが、既存の紙ベースやアナログの業務プロセスのデ

ジタル化でした。

「単に紙の書類をPDFに置き換えるのではなく、業務プロセス自体を見直し、デジタルならではの効率化が必要でした」とプロジェクトリーダーは説明します。

そこで、たとえば薬局での処方箋管理をデジタル化することで、顧客の待ち時間短縮と同時に、介護サービスや不動産サービスへのスムーズな連携を可能にしました。

LINEミニアプリで顧客接点の革新

プロジェクトの中核となったのが、LINEミニアプリの開発です。このアプリは、薬の処方情報管理から介護サービスの予約、さらには不動産相談まで、C社の全サービスを統合的に提供するプラットフォームとなりました。

「LINEという身近なツールを入り口にすることで、高齢の顧客でも抵抗なくサービスを利用できるようになりました」（社長）

とくに、AIチャットボットによる24時間対応の相談窓口は、予想以上の反響があったと言います。

提案型アプローチがもたらした新たな可能性

C社の担当者は、私たちのアプローチについて次のように評価しています。

「これまでは、こちらの要望をそのまま形にするシステム会社ばかりでした。しかし、バレンサーは違いました。そもそもの事業構想から一緒に考え、私たちが思いつかない提案をしてくれる。その提案型のアプローチが、プロジェクトに新たな可能性をもたらしてくれました」

コンサルのPOINT

❶異なる事業領域を持つ企業が、デジタル技術を活用してどのように統合的なサービスを構築できるかを示している。

❷中小企業がＤＸを推進する際に、適切なパートナーの選択がいかに重要であるかがわかる事例である。

付録

コンサル導入に失敗しないためのチェックシート

CONSUL 3.0

■チェックシート①
コンサルタント導入の準備が整っているかをチェックしましょう

コンサルタントに依頼する前に、現状のチェック、洗い出しをすることで、コンサル選び、コンサル導入がより効果的になります。

事前チェックのすべてができている必要はありませんし、現状の洗い出しに書き込めない項目があっても問題ありません。

コンサルタントに相談する際に持参し、現状を伝えるための資料として利用してください。

●コンサルを導入するための事前チェック

□コンサル導入を社員に説明し、ある程度の同意を得ている
□経営層のＤＸに対する理解度がそれなりにある
□社内のＩＴ環境やデジタル化の状況を把握している
□社員のデジタルスキルレベルを把握している
□業務プロセスの問題点を洗い出している
□コンサル導入の具体的な目的や期待する成果を明確にしている
□社内にコンサルと協力して取り組むプロジェクトチームを編成できる
□コンサル導入後の社内体制の変更について検討している
□競合他社や業界のＤＸ動向について情報収集をしている
□取引先からのデジタル化要請が結構ある

●コンサルを効果的にする現状の洗い出し

(1)現在の主な経営課題を書いてください

(2)DX推進によって改善したい業務プロセスを書いてください

(3)過去に行った改革や新規事業の成功、失敗例を書いてください

(4)自社の強みを書いてください

(5)具体的な目標設定を書いてください

(6)予算と達成希望期間を書いてください

予算：　　万円／月

期間：　　か月

■チェックシート②

適切なコンサルタント選びができているかをチェックしましょう

●**事前相談までのチェック項目**

事前相談をしてみたいコンサルタントが見つかったら、以下の内容をできるかぎりチェックしましょう。ホームページなどで確認できない項目は、相談する際に直接聞いてみてください。

□中小企業の支援実績がある
□専門知識、必要な資格を有している
□料金体系が明確になっている
□契約条件（期間、解約条件等）が明確になっている

□コンサルタントの経験が自社の業種と合致している
□事例の提案内容が自社の現状と問題に即している
□コンサルタントの対応スピードが自社の期待に合っている
□過去のクライアントからの評価や推薦状を確認できる

●事前相談したコンサル会社の評価表

実際に相談したコンサルタント会社について、記録を残しておきましょう。5段階で評価し、実際に依頼するかどうかの検討材料にしてください。

会　社　名：

担当者名：

予算との差異：

感　　想：

《コンサルタントの評価》

(1)企業理解力　1・2・3・4・5
(2)言語化能力　1・2・3・4・5
(3)デジタル技術への精通度　1・2・3・4・5
(4)コミュニケーション能力　1・2・3・4・5
(5)費用対効果　1・2・3・4・5
(6)業界知識　1・2・3・4・5
(7)提案の具体性　1・2・3・4・5
(8)柔軟性・対応性　1・2・3・4・5
(9)実績の信頼性　1・2・3・4・5
(10)チームワーク・相性　1・2・3・4・5

■チェックシート③

プロジェクト進行中のコンサルタントの対応をチェックしましょう

●プロジェクトの進行チェック

プロジェクトのスタート後も、自社の担当者やコンサルタントに任せっきりにしないで、進行状況は社長も把握しておきましょう。

□問題が明確化されている
□定期的にコンサルから報告がある
□プロジェクトのマイルストーン（中間目標地点）と進捗状況が共有されている
□コスト管理が適切に行われている
□社内のリソース（人員、時間）が適切に配分されている

□中間成果物の品質は期待どおりである
□社員の反応や理解度を確認している
□想定外の問題や課題も適切に対処している
□プロジェクトの方向性が当初の目的から外れていない

《コンサルタントの評価》

以下は、第3章で挙げたコンサルに必要な5つの能力です。5段階で評価し、コンサルタントの継続意思を決定してください。

25点満点のうち、20点以上であれば、ぜひ相談相手として契約を持続してみてください。

10点以下の場合、継続は見送ったほうがいいかもしれません。もっとあなたの会社に合ったコンサルタントを探してみましょう。

(1)仮説力　1・2・3・4・5

(2)展望力　1・2・3・4・5

(3)交通整理力　1・2・3・4・5

(4)リサーチ&分析力　1・2・3・4・5

(5)テクノロジー適正化力　1・2・3・4・5

おわりに

「寄り添うコンサルタント」は経営者とともに成長するパートナー

本書を最後まで読んでいただき、心より感謝申し上げます。

私がこの本を書こうと決意したのは、中小企業の皆様の奮闘する姿を目の当たりにしてきたからです。

日々の業務に追われ、変化の激しい時代についていくのに精一杯のなかで、それでも未来を見据えてがんばっている経営者の方々。

その姿に、私は心を打たれ、何かできることはないかと考え続けてきました。

コンサルタントという仕事を通じて、私は多くの中小企業の「物語」に触れてきました。

創業者の熱い想い、社員との固い絆、そして何よりも、地域や社会に貢献したいという強い志。それらは大企業には真似のできない、中小企業ならではの魅力だと感じています。

しかし、同時にその魅力を十分に発揮できていない現状も目の当たりにしてきました。デジタル化の波、人材不足、先の見えない経済状況……。

これらの課題に直面し、どうすればいいのかわからず悩む経営者の方々の声を、幾度となく聞いてきました。


この本は、そんな皆様への私からの応援歌です。

「コンサルタント」という言葉に距離を感じる方も多いかもしれません。しかし、私たちは決して高いところから指示を出す存在ではありません。むしろ、皆様と同じ目線で、ともに歩み、ともに成長する「戦友」でありたいと考えています。

本書を通じて、少しでも多くの方々に「希望」を感じていただけたら幸いです。

デジタル化やＤＸは決して難しいものではありません。皆様の持つ「強み」をより輝かせるための道具であり、味方なのです。

今こそ、中小企業が変革できるチャンスだと私は日々実感しています。ＡＩなど、多くの企業の手助けになる方法があふれているからです。

この本を手に取ってくださった皆様。どうか、自信を持って一歩を踏み出してください。その一歩が、皆様の企業の、そして日本の未来を明るく照らす灯火となることを、心から願っています。

本書の執筆にあたり、多くの方々からご支援とご協力をいただきました。心より感謝申し上げます。

まず、本書の企画から出版まで、終始適切なアドバイスと励ましをくださった吉田浩様、塚本佳子様、**廣田祥吾様**、安田喜根様を中心とした編集チーム、出版チームの皆様。

また、日々、日本全国たくさんのプロジェクトを通じて企業の価値を高めるためにバレンサーで一緒に仕事をしてくれている加藤梨紗、松本カオリ、高木泰弘さんを中心としたデザインチーム、そしてエンジニアチーム、ＡＩチームのみんな。新卒からビジネス人生の基盤を長年教えていただいた佐藤昌男様、佐藤素子様、ＩＯの皆様。

私を信じて、コンサルティングを任せてくださるクライアント企業の皆様に深く感謝いたします。皆様とのお仕事を通じて得た経験と知見は、本書の核心部分を形づくるうえで不可欠でした。皆様の勇気ある挑戦が、きっと多くの中小企業の方々の励みになると信じています。

最後に、執筆期間中、つねに支えとなってくれた大切な家族に「ありがとう」を伝えたいです。

本書が、日本の中小企業の皆様のさらなる発展の一助となれば本望です。

2024年11月

阿部 貴之

■著者紹介

阿部　貴之（あべ　たかゆき）

株式会社バレンサー（BALENCER inc.）代表取締役

1983年、愛知県名古屋市生まれ。

大学卒業後、リクルートの代理店である人材コンサルティング会社で、営業・マネジメントを経験。その後、採用支援事業を行う会社の最高執行責任者として戦略策定から組織風土改革までオールマイティに活動する。

2018年、ブランディングプランナーとして独立。ブランディング会社の役員を経て、2019年12月に株式会社バレンサーを設立。クライアントに寄り添うコンサルで多くの中小企業の経営者から信頼を得ている。ブランディング、マーケティング、DX、AIを取り入れたコンサルにより、中小企業1,000社の問題解決と売上アップを達成。

■㈱バレンサー　https://balencer.jp/
■著者連絡先　tabe@balencer.jp

● ㈱バレンサー問い合わせ先

● 著者の note

● 著者の X

● 出版プロデュース　吉田　浩（天才工場）
● 編集協力　塚本佳子、廣田祥吾
● カバーデザイン　熊谷有紗（オセロ）

社長のためのコンサル 3.0

2024年12月 7日　初版　第1刷　発行

著　者　阿部 貴之
発行者　安田 喜根
発行所　株式会社 マネジメント社
〒101-0052 東京都千代田区神田小川町2-3-13 M&Cビル3F
TEL. 03-5280-2530（代表） FAX. 03-5280-2533
https://mgt-pb.co.jp
印　刷　中央精版印刷 株式会社

 ISBN978-4-8378-0529-8 C0034